INTIMITÄT

WUNIBALD MÜLLER

Intimität

Vom Reichtum ganzheitlicher Begegnung

MATTHIAS-GRÜNEWALD-VERLAG · MAINZ

Für Ilse Katharina und Dorothea Maria

CIP-Titelaufnahme der Deutschen Bibliothek

Müller, Wunibald:
Intimität: vom Reichtum ganzheitlicher Begegnung /
Wunibald Müller. — Mainz: Matthias-Grünewald-Verlag, 1989.
ISBN 3-7867-1406-1

© 1989 Matthias-Grünewald-Verlag, Mainz

Das Werk einschließlich aller seiner Teile ist urheberrechtlich geschützt. Jede Verwertung außerhalb der engen Grenzen des Urheberrechtsgesetzes ist ohne Zustimmung des Verlags unzulässig und strafbar. Das gilt insbesondere für Vervielfältigungen, Übersetzungen, Mikroverfilmungen und die Einspeicherung und Verarbeitung in elektronischen Systemen.

Umschlag: Ulrike Bettermann (unter Verwendung des Motivs „La Cathedrale"
von Auguste Rodin, 1908)
Satz: Georg Aug. Walter's Druckerei GmbH, 6228 Eltville am Rhein
Druck und Bindung: Wagner GmbH, Nördlingen

ISBN 3-7867-1406-1

Ich begegne Deinen beiden wunderbaren Händen und küsse sie: jene, die so tief zugreift, daß sie in uns mit den Quellen des Lebens verschmilzt, und jene, die so weit umgreift, daß sich unter ihrem geringsten Druck alle Spannkräfte des Universums harmonisch zugleich beugen.

Pierre Teilhard de Chardin

I Wannah Hold Your Hand

The Beatles

INHALT

Vorwort 11

Prolog
    Annäherungen 15
        a. Verlangen nach Intimität 15
        b. Intimität als Vertrautheit, Wärme, Tiefe, Geborgenheit, Zuhause 16
        c. Intimität — Gedanken, Fetzen, Träume, Phantasien, Fragen ... (von Andrea Schwarz) 18

I. Kapitel
    1. Grunderfahrung von Intimität 22
        a. Grunderfahrung von Intimität: Ich werde geliebt, weil ich bin 22
        b. Die Erfahrung: Ich bin liebenswert 23
        c. Die angeschlagene Grunderfahrung von Intimität 24

    2. Befähigung zur Intimität 26
        a. Die Entwicklung echter, wechselseitiger Intimität 26
        b. Unverbindliche Beziehungen: Ein Beispiel 28
        c. Sich-Verlieben: Ein Ausbrechen aus der eigenen Welt 29
        d. Intimität als Hingabefähigkeit 30

    3. Intimität und Berührung 32
        a. Körperlicher Kontakt: Ein elementares menschliches Bedürfnis 32
        b. Die Macht der Berührung 33
        c. Die irrationale Angst vor Berührung 35

  d. Berührung und Sexualität 36
  e. Gemeinschaft ist mehr als „Getting in Touch" . 38

II. Kapitel
 1. Intimität und Therapie 41
  a. Durch Intimität zum Intimum im Menschen .. 41
  b. Eingetaucht wie in eine Wolke 43
  c. Intimität ermöglicht eine echte, ganzheitliche Begegnung 45

 2. Konturen und Grenzen von Intimität 47
  a. Verfügbarkeit 48
  b. Rahmen und Grenzen 48
  c. Verzicht 49
  d. Schutz 49
  e. Distanz 50
  f. Bestimmtheit 51

III. Kapitel
 1. Intimität und Gefühle 53
  a. Gefühle entstammen der inneren Welt 53
  b. Gefühle als Emotionen 53
  c. Gefühle schaffen Beziehungen 55
  d. Gefühle machen Intimität erfahrbar 57
  e. Unterdrückung von Gefühlen 57
  f. Gefühle und Sentimentalität 58
  g. „Der Mensch ist göttlich, sofern er fühlt" 59

 2. Intimität und Eros 60
  a. Der Eros öffnet die Seele 60
  b. Eros als Lebenstrieb und psychische Energie ... 61
  c. Eros als Spannung und Verlangen nach Sinn ... 63
  d. Befreiung des Eros 64

e. „Unruhig ist unser Herz, bis es ruhet in Dir" .. 65
  f. Eros verlangt es nach Intimität und Wahrheit .. 66

IV. Kapitel
  1. Intimität und Sexualität 69
     a. Die intimste Begegnung 69
     b. Die Macht des Eros 70
     c. Ganzheitliche Intimität in der sexuellen Begegnung 72

  2. Intimität und Spiritualität 74
     a. Leidenschaftliche Intimität mit Gott 75
     b. „Nur zu Gott hin wird stille meine Seele" 77
     c. Im innersten Heiligtum der Seele 78
     d. Die Verknüpfung von kosmischer und mitmenschlicher Empathie 80

V. Kapitel
  1. Intimität im Leben zölibatär lebender Männer und Frauen 83
     a. Der Mensch braucht ein Zuhause, wo er leben kann 83
     b. Eine Hierarchie von Beziehungen 84
     c. Beziehung zu sich selbst 85
     d. Beziehung zu Gott 87
     e. Beziehung zu anderen 89

  2. Tiefe, bedeutungsvolle Freundschaften von zölibatär lebenden Männern und Frauen 92
     a. Tiefe Freundschaften 92
     b. Äußerer Rahmen als Ausdruck der inneren Haltung 93
     c. Das innere Fundament als Maßstab 94

  d. Vor den Augen Gottes und anderer bestehen können 95

3. Emotionale und sexuelle Intimität im Leben zölibatär lebender Männer und Frauen 97
  a. Emotionale und sexuelle Intimität 97
  b. Sexualität als Ersatz für Intimität 99
  c. Verzicht auf sexuelle genitale Intimität 101
  d. Über mitmenschliche Einfühlungskraft zu kosmischer Empathie 103

4. Intimität und Verfügbarkeit 104
  a. Intimität als Feind von Arbeitswut 104
  b. Einschränkung der Verfügbarkeit durch zu enge Verbindungen 106
  c. Die Exklusivität sexueller Intimität 107
  d. Ganzheitliche Intimität in der Beziehung zur Gemeinde 108
  e. Erfahrung ganzheitlicher Intimität in der Eucharistie 111

5. „Du darfst nicht einfach aus der Mitte einen Stein herausbrechen" (von Andrea Schwarz) 113

Epilog: Wünsche und Träume 119

Literatur 124

VORWORT

> „Man könnte versuchen, Intimität mit ‚Innigkeit' zu übersetzen, aber ich bin mir nicht sicher, ob dieses alte deutsche Wort für unsere modernen Ohren noch den rechten Klang hat."
>
> *Hermann Stenger*

Ich habe vor einiger Zeit damit begonnen, bewußt von Intimität zu sprechen. Meistens werde ich gleich verstanden, wird das Wort gerne aufgegriffen und mit eigenen Erfahrungen gefüllt. Anderen wieder fällt es offenbar schwer, Intimität nicht gleich mit Sexualität zu verbinden. Ihre Reaktionen erwecken den Eindruck, als hafte etwas Anrüchiges an diesem Wort.
Vorbehalte gegenüber dem Gebrauch des Wortes Intimität gehen in unserem Kulturkreis, und da vor allem auch im theologischen und kirchlichen Bereich offensichtlich so weit, daß Bücher, die z. B. im amerikanischen Titel das Wort „Intimacy" führen, in der deutschen Übersetzung von diesem offensichtlich als mißverständlich, bedenklich oder gar anstößig empfundenen Begriff „gereinigt" werden. Diese Zurückhaltung gegenüber dem Gebrauch des Wortes Intimität korrespondiert mit einer Trivialisierung des Wortes in anderen Bereichen. So gehen Teile der Vergnügungsindustrie und einschlägige Zeitschriften geradezu inflationär mit dem Begriff Intimität um, den sie in einem eindeutig sexuellen Sinn und Kontext gebrauchen.
Es trifft zu, daß Sexualität häufig intimen Charakter hat. „Aber", so der amerikanische Pastoralpsychologe Thomas Oden (1977, 11),

„ein Orgasmus kann auch ohne Intimität zustande kommen, ja sie sogar verletzen. Während Intimität innerhalb der Geschlechtlichkeit auftreten kann, wird sie doch niemals durch Sexualität hinreichend definiert. Die öffentliche Meinung begeht einen besonders argen Fehler, wenn sie Intimität nur als einen Aspekt der Sexualität betrachtet".

Soll man vor diesem Trend einfach kapitulieren und auf das so kostbare, bedeutungsvolle Wort Intimität verzichten, es sei denn, man will damit eine sexuelle Beziehung andeuten oder kennzeichnen? Soll man aus Rücksicht auf mögliche Mißverständnisse auf einen Begriff verzichten, der auf eine zentrale Wirklichkeit und Wahrheit unseres Lebens hinweist, dem, wenn auch oft verzerrt und entstellt, wenn auch oft vergessen und unterschlagen, eine fundamentale Bedeutung in unserem Leben zukommt? Ich meine nein! Dafür ist mir dieser Begriff zu wichtig, zu kostbar, einfach zu fundamental. Auch der Innsbrucker Pastoralpsychologe Hermann Stenger (1988, 100) meint: „Es bedarf … einer Aktion zur Rehabilitierung des eigentlichen Sinnes von Liebe." Er verweist in diesem Zusammenhang auf Erik Erikson, für den es zum menschlichen Privileg gehört, daß über die Sexualität hinaus Menschen Liebe im Sinne von Intimität entwickeln können.

Es ist wichtig, daß, wenn von intim und Intimität die Rede ist, man sich auf die ursprüngliche und eigentliche Bedeutung von Intimität besinnt. Noch wichtiger ist es, wenn das Wort Intimität gebraucht wird, der eigentlichen Bedeutung von Intimität eine Chance zu geben und mit dazu beitragen, daß diesem Wort wieder die ihm zukommende Aussageabsicht und Aussagekraft verliehen wird.

In diesem Sinne sind auch meine Ausführungen zum Thema Intimität zu verstehen. Ich habe dabei keine fertigen Antworten anzubieten. Ich beschreibe, was ich auf der Suche nach ganzheitlicher Intimität entdecke, wohlwissend, damit keineswegs den ganzen Schatz ganzheitlicher Intimität zu „heben". Ich bin zufrieden, wenn es mir gelingt, soviel von diesem Schatz an die Oberfläche zu

bringen, daß wenigstens ein Stück von ihm gesehen werden kann und er, im Lichte betrachtet, selbst aufleuchten und funkeln kann. Frau Hiltraud Laubach vom Matthias-Grünewald-Verlag danke ich für ihre Offenheit gegenüber diesem Projekt. Margarete und Meinrad Drumm von unserem Familienkreis haben mich auf „La Cathédrale" von Auguste Rodin aufmerksam gemacht. Hanna Albustin hat mit großer Sorgfalt die Korrekturen mitgelesen. P. Anselm Grün OSB, P. Pirmin Huger OSB und Herrn Schmidt von der Klosterbibliothek Münsterschwarzach danke ich für wichtige Literaturhinweise. Andrea Schwarz war sofort bereit, mir einige Gedanken, die ihr zur Intimität eingefallen sind, zur Verfügung zu stellen. Besonders herzlich danke ich Rollo May und Joseph Sauer. Rollo May, der in diesem Jahr 80 Jahre alt wird, hat mich in den letzten Jahren zunehmend beeinflußt, da ich in ihm jemand entdeckt habe, der es versteht als Philosoph und Therapeut auf das wirklich Existentielle aufmerksam zu machen, ja einen geradezu darauf zu stoßen. Joseph Sauer, der in diesem Jahr auf 60 Jahre zurückblicken darf, hat in den vergangenen Jahren für die pastorale Spiritualität viele Ideen entwickelt und Akzente gesetzt, die auch für mich wichtig geworden sind.
Ich widme dieses Buch meiner Frau Ilse Katharina und unserer Tochter Dorothea Maria, ohne deren liebevolle Zuwendung und Rücksicht ich dieses Buch nicht hätte schreiben können.
Wenn es auf den Abend zugeht, wird es mir warm ums Herz bei dem Gedanken, bald zu Hause zu sein bei den Menschen, die ich liebe und die mich lieben. Ich wünsche, daß andere, ob verheiratet oder zölibatär lebend, ähnliche Erfahrungen machen. Ich bin überzeugt davon, daß viele zölibatär lebende Menschen, unter ihnen Priester und Ordensleute, ihr zölibatäres Leben positiver erfahren und es ihnen leichter fällt, es mit Leben zu füllen und darin auszuhalten, wenn auch sie in Beziehungen mit Menschen, die ihnen nahe und vertraut sind, erfahren, daß ihr Herz warm wird.
Das gilt auch für Begegnungen in unseren christlichen Gemeinden.

Sie könnten und sollten u. a. auch der Ort sein, wo Christen immer wieder in der Begegnung mit Gott und mit anderen im nachhinein voller Staunen ausrufen können: „Brannte nicht unser Herz." Für die Jünger auf dem Weg nach Emmaus war diese Erfahrung ein wesentliches Erkennungszeichen dafür, daß Er unter ihnen weilte. Wenn diese Erfahrung des brennenden Herzens in unseren Kirchen noch mehr als ein entscheidendes Erkennungszeichen seiner Anwesenheit anerkannt wird, können wir auch eher dem gerecht werden, was der selige Rupert Mayer fordert, wenn er sagt: „Es muß Wärme von uns ausgehen. Den Menschen in unserer Umgebung muß wohl sein."

Wunibald Müller

PROLOG

Annäherungen

> „Es muß Wärme von uns ausgehen. Den Menschen in unserer Umgebung muß wohl sein!"
>
> *Pater Rupert Mayer*

a. Verlangen nach Intimität

Das Verlangen nach Intimität ist tief im Menschen verwurzelt. Es ist das Verlangen, Banales, Oberflächliches zu durchdringen, um mit dem Wesentlichen, dem Kern, in Berührung zu kommen. Dieses Verlangen ist einfallsreich, kennt viele Möglichkeiten, sich in den verschiedensten Bereichen menschlichen Lebens und Seins zum Ausdruck zu bringen. Es verwirklicht sich in der Tiefe eines Gespräches, in der Inbrunst und Innigkeit eines Gebetes, in der sexuellen Vereinigung, im Vertrautwerden mit neuem Wissen und Können, in der immer tieferen Begegnung mit sich selbst. „Für menschliche Wesen", so Rollo May (1969, 311), „ist das Bedürfnis nach Beziehung, nach Intimität, nach Annahme und Bestärkung gewaltiger als das nach Sexualität an sich".
Der Wunsch nach Nähe ist für Carl Rogers (1987, 184) ein Merkmal, das er an den Personen von morgen wahrnimmt: „Sie suchen neue Formen der Nähe, der Intimität, des gemeinsamen Zieles. Sie suchen neue Formen der Kommunikation in einer solchen Gemeinschaft, sowohl verbal als auch nonverbal, emotional wie intellektuell."

Über sich selbst schreibt Carl Rogers (1987, 50): „In den vergangenen zehn Jahren habe ich in meinen Beziehungen ein weitaus größeres Maß an Intimität zugelassen. Für mich steht außer Zweifel, daß diese Entwicklung eine Folge meiner Gruppenerfahrung ist. Ich bin jetzt eher bereit, andere körperlich zu berühren und mich berühren zu lassen. Ich umarme und küsse jetzt sowohl Männer als auch Frauen mehr. Ich bin mir der sinnlichen Aspekte meines Lebens stärker bewußt geworden. Ich erkenne auch, wie stark mein Wunsch nach engem psychischen Kontakt mit anderen ist. Ich bin mir meines starken Bedürfnisses bewußt, Zuneigung für andere zu empfinden und von ihnen auch zu erhalten. Ich kann jetzt offen aussprechen, was ich immer schon vage empfunden hatte: daß mir meine intensive Beschäftigung mit Psychotherapie die Möglichkeit bietet, diese Bedürfnisse nach Intimität vorsichtig zu befriedigen, ohne zuviel von meiner eigenen Person zu riskieren. Ich bin jetzt eher bereit, in anderen Beziehungen Nähe zuzulassen und es zu riskieren, mehr von mir selbst zu geben. Ich fühle mich so, als hätte ich in mir eine neue, ungeahnte tiefe Fähigkeit zur Intimität entdeckt. Diese Fähigkeit hat mir viele Schmerzen eingetragen, aber noch mehr Freude."

b. Intimität als Vertrautheit, Wärme, Tiefe, Geborgenheit, Zuhause

Intim läßt sich von dem lateinischen Wort *intimus* ableiten. *Intimus* heißt: innerer, tiefster, geheimster, vertrautester. Der *Intimus* ist der vertraute Freund; die *cogitationes intimae* sind die geheimsten Gedanken. Auch das Wort *innig* trifft, was intim meint: etwas, das innerlich und vertraut ist; etwas, das als herzlich erlebt, als tief empfunden wird (vgl. Oden, 1977, 12). Das gilt auch für die englischen Worte *intimate* und *intimacy*, die mit vertraut und innig bzw. Vertrautheit, Innigkeit, Tiefe, Wärme, Intimität zu übersetzen sind.

Das Wort Intimität möchte, so Hermann Stenger (1985, 170f) „eine vertraute und von Vertrauen getragene Beziehung zum Ausdruck bringen. Ein hohes Maß an Übereinstimmung, eine selbstverständliche Offenheit und ein ehrfürchtiges Wissen um den anderen, wobei sich jeder frei und vom anderen freigegeben weiß...." Weiter besagt Intimität, so Hermann Stenger, „daß es eine menschliche Beziehung gibt, in der die Partner enger miteinander verbunden sind als in der sexuellen Begegnung. Sie kann innerhalb und außerhalb der Sexualität bestehen, eine Beziehung zwischen zwei Menschen, von denen jeder sogar bei großer Entfernung zutiefst auf das wirklich Innere des anderen abgestimmt bleibt..." Zur Intimität gehören nach Hermann Stenger Tugenden wie Treue, Vertrauen, gegenseitige Offenheit. Bei einem so breiten Verständnis von Intimität kann auch, so Hermann Stenger weiter: „die Beziehung zwischen Gott und Mensch und, unter bestimmten Voraussetzungen, die Beziehung zwischen Mensch und Gott intim genannt werden..."
Eine wichtige Dimension von ganzheitlicher Intimität kommt z. B. in den Aussagen von Erzbischof Oskar Saier (1987, 23) zum Ausdruck. So sagt er, es sei notwendig, daß die Pfarrgemeinde aus der Erfahrung „der Herr ist in unserer Mitte" zur Heimat für viele wird. Heimat aber bedeutet: „Menschen, die mich erwarten, die sich freuen, wenn ich zu ihnen komme." Sie ist gekennzeichnet durch „die Atmosphäre der Freundlichkeit und des offenen Miteinander". Intimität im weiteren Sinne ist erfahrbar in einem Verhalten, auf das Oskar Saier (1988, 237) in Anlehnung an ein Wort von Papst Paul VI. hinweist, „...wenn z. B. der einzelne Christ oder eine Gruppe von Christen die anderen Menschen innerlich und äußerlich annehmen. Was andere Menschen hoffen und befürchten, was beglückt oder traurig macht — daran teilnehmen und ihnen beistehen".
Intimität ist auch immer etwas, das ich vor allem erfahre. Es ist der Moment, bei dem ich mich tief und ganzheitlich innerlich berührt fühle. Dieser Moment kann zu jeder Zeit passieren, in der Begeg-

nung mit Menschen, in der Begegnung mit Gott, bei einer gefühlvollen tröstenden Umarmung, bei dem Austausch eines wissenden Blickes, durch eine tiefe Gotteserfahrung. Es ist der Moment, in dem tief in uns etwas berührt wird (vgl. Tyrell, 1978, 55). Es war ihr brennendes Herz, das die Jünger im nachhinein erkennen ließ: Er war es, der uns nach Emmaus begleitete.

Die tief im Menschen verankerte Sehnsucht nach ganzheitlicher Intimität hat sehr viel damit zu tun, angenommen zu sein, sich angenommen zu fühlen, in der Begegnung mit anderen so sein zu dürfen, wie ich wirklich bin. Sie hat viel damit zu tun, das mit anderen austauschen zu können, was mir wirklich viel bedeutet, einschließlich meiner Sehnsüchte, Wünsche, Ängste, Träume und spirituellen Erfahrungen. Es ist die Sehnsucht danach, bestärkt zu werden. Ganzheitliche Intimität zeigt also eine große Nähe zu dem, was man unter Innigkeit, Vertrautheit, Wärme, Tiefe, Geborgensein, Zuhause versteht.

c. Intimität — Gedanken, Fetzen, Träume, Phantasien, Fragen...

Von Andrea Schwarz

Nähe, Geborgenheit, für Sekunden, Minuten angenommen sein...
aber auch Spannung, Gegensatz, Knistern, Erotik, Strom, im Fluß sein...
Nicht statisch — sondern lebend, wachsend, kleiner werdend, sich verändernd...
Wechselnde Intimität sucht und braucht wechselnde Formen sich auszudrücken...
Nie selbstverständlich — immer Geschenk... das mir aber nicht nur passiv geschenkt wird, sondern das zumindest meine aktive Offenheit verlangt, meine Bereitschaft, Intimität zuzulassen
Mutter und Kind, Mann und Frau, Mann und Mann, Frau und Frau,

Mensch und Gott, Mensch und Natur, Mensch und Gegenstand...
Der Intimus — der Busenfreund...
Kerzenschein, offener Kamin, scharfer Nordseewind, frischgefallener Schnee am Abend, Herbstlaub...
Stufen der Intimität — eine große Burganlage mit vielen Burghöfen und Zugbrücken...
Wer entscheidet über den Grad der Intimität? Darf ich Dich beim Abschied berühren?? Oder berührst Du mich?? Ein aktiver, ein passiver Teil?? Oder: Übereinstimmung, Einverständnis, ohne Worte??
Intimität — ein Wagnis... ich mach mich auf, ziehe die Rüstung aus, nehme das Visier ab, mache mich verletzbar, werde weich...
Zartheit, Zärtlichkeit, Liebe, Interesse, Behutsamkeit, Gleichklang, Intimsphäre — Sphärenmusik, wer spielt, wer hört?
Spielen...Lachen...Schweigen...Weinen...Umarmen...miteinander schlafen...Tanzen...
Kann ich mit mir intim sein??
Gibt es Intimität in Gruppen??
Fremdwörterduden: vornedran das Wort „inthronisieren"... hintendran das Wort: „Intime", kurz darauf: „Intitulation", „intolerabel" — mittendrin: „Intimation" (veraltet: gerichtl. Ankündigung, Vorladung...) und „intimidieren" (veraltet: einschüchtern, Furcht einjagen...) und „Intimspray"... mitten in der Intimität taucht die Furcht auf
Trau, schau, wem...
Genießen, Lust, Wollen, Wollust, Reiz-Reaktion..., Sinne... mit Haut und Haaren...
Intimität — nicht Kopf, nicht Schwanz — und doch beides und noch mehr...
vertraut sein miteinander...vertraut sein mit mir...und doch Prozeß, kein Zustand...
Normen, Gesetze, Richtlinien, Dogmen, Amtsblatt...
Sexismus, Playboy, Feministinnen, Geilheit...
Wo wohnt die Intimität??? Und wie wohnt sie??? Welche Rahmenbe-

*dingungen gibt es? Muß ich Miete zahlen — oder gar Kaution?? Kalt
— oder Warmmiete??? Garage zum Abstellen? Wir stellen die Intimität ab...furchtbarer Gedanke — einer dreht den Hahn zu
Pflegende Berufe...Arzt...der verwundete Seelsorger...der nicht
zur Intimität fähige Seelsorger (und -in),...
Intimität — dort, wo es menschelt, und wo ich das Menscheln zulassen
kann...
Grundbedürfnisse des Menschen
Meine Intimsphäre wird verletzt...
Wer setzt die Grenzen der Intimität? Wieviel Nähe ist möglich? Intimität — das hat auch etwas mit „sich-begrenzen" zu tun...und der
Therapeut? Der Seelsorger??
Intimität und Transparenz — Liebe und Wahrhaftigkeit — liebe dich
wie deinen Nächsten...
...und das Wasser ist klar wie Kristall...
Wenn du mir nahe sein willst, strafe ich dich mit Distanz — oder rette
mich hinter meine Mauern zurück?
Rettet die Intimität!!! — Lebt sie...
Das verkaufte Wort:...
Ist es nicht ein Widerspruch in sich, über Intimität zu schreiben???
Was tötet die Intimität? Und was ist eigentlich das Gegenteil?? Gibt
es überhaupt die Intimität??? Und was wären dann die Gegenteile???
Angst, Neid, Macht, Geld, Egoismus, Kälte,...Aids...Intimität —
Gefühl, Bauch, kribbeln, was hat Intimität mit Mann- oder Frau-sein
zu tun??? Sind Männer anders „nahe" als es Frauen sind?? Gibt es eine
männliche, eine weibliche Intimität??? Intimität und Glaube...gibt
es eine „christliche" Intimität? Das wohl nicht — aber eine „göttliche"
Intimität gibt es wohl...oder andersherum: Ist Intimität nicht immer auch göttlich??? Im Anfang war das Wort und das Wort war bei
Gott und das Wort war Gott...und das Wort ist Fleisch geworden...
Wenn Gott intim wird...der intime Gott...
Holt ihn aus den Himmeln raus!!!
Intimität — Wollen und Sehnsucht — Defizitbereich...und Schatten-*

dasein...verbannt und gefürchtet...Angst vor Sexualität...Die verbannte Intimität...
Intimität — ein hartes Wort, das vom Wortklang nichts von dem rüberbringt, was alles darin mitschwingt... Vertrautheit und Intimität... intime Leidenschaft...
leidenschaftliche Intimheit...Schutz, Geheimnis...schützt die Intimheit...
die politische Dimension... wie politisch ist die Intimität???

I. KAPITEL

1. Grunderfahrung von Intimität

> „Ihre Kinder wird man auf den Armen tragen und auf den Knien schaukeln."
> *Jesaja 66,12*

a. Grunderfahrung von Intimität: Ich werde geliebt, weil ich bin

Die ersten Erfahrungen von Intimität macht das Kleinkind in der Beziehung zu den Menschen seiner nächsten Umgebung, vor allem zur Mutter. Diese Erfahrungen haben einen entscheidenden Einfluß auf das spätere Leben. Ist das Kleinkind eingebunden in eine geglückte emotionale Bindung, erfährt es emotionale Nähe als wohltuend, warm, als etwas, das — soweit es für das Kleinkind wahrnehmbar ist — Geborgenheit und Sicherheit vermittelt, dann wird emotionale Nähe auch in der Kindheit, der Jugend und im Erwachsenenalter grundsätzlich als positiv erlebt. Nähe und die durch sie vermittelte Zuneigung und Verbundenheit sind dann *erfahren* worden.

Das Kleinkind hat eine Erfahrung gemacht, ist von etwas berührt worden, das — so möchte man fast sagen — ein unauslöschbares Merkmal hinterlassen hat. Dieses Merkmal hat etwas Entscheidendes verändert. Es hat etwas bewirkt und wirkt weiter, das ohne dieses Berührtwerden nicht passiert wäre.

Wer dagegen diese Erfahrung nicht macht, wer davon unberührt bleibt, dem fehlt etwas. Es bleibt zu hoffen, daß zu einer anderen Zeit im Leben jene Erfahrung nachgeholt werden kann. Manchmal wird das unter leidvollen Umständen und großen Bemühungen wenigstens teilweise möglich sein. Oft aber wird, nicht von dieser Erfahrung berührt worden zu sein, ebenso zu einem unauslöschbaren Merkmal, das sich in dem Gefühl „es fehlt mir etwas Entscheidendes" und in dem Unvermögen, emotionale Nähe aushalten zu können, niederschlägt.

Die Intimität jener Zeit ist eine Intimität, die sich in körperlicher Nähe, Zärtlichkeit, Sorge und Fürsorge, zum Ausdruck bringt. Sie ist Ausdruck von Liebe, bedingungsloser Liebe, die beim Kind, so Erich Fromm, das Gefühl hinterläßt: Ich werde geliebt, weil ich bin. Das will diese innige Beziehung sagen. Es ist die Zeit der Grunderfahrung von Intimität, die, so unspezifisch sie für das Kleinkind wahrgenommen werden mag, nachhaltig, ja geradezu prägend sich in ihm festsetzt. So tief, so inniglich, ist diese Erfahrung.

b. Die Erfahrung: Ich bin liebenswert

Nachhaltig wirkt sich diese Erfahrung z. B. auf das Gefühl aus, das ich mir gegenüber und über mich habe, d. h. ob ich ein warmes, inniges Gefühl mir selbst gegenüber habe, und ob ich mich als jemand erlebe, der gegenüber anderen warme, innige Gefühle haben kann. Das aber ist die Voraussetzung, um innige Gefühle anderer spüren und erfahren zu können, um ihre Zuneigung wirklich aufnehmen zu können, daß sie mich tatsächlich erreichen, berühren, ich sie erspüre. Das ist die Voraussetzung, um bei sich selbst zu spüren und zu erleben: *ich bin liebenswert*.

Carl Rogers geriet, als er bereits 50 Jahre alt war, in eine sehr große persönliche Krise. Sie wurde ausgelöst durch eine therapeutische Begegnung mit einer Klientin, bei der er die Erfahrung machen mußte, daß es ihm zunehmend unmöglich war, sein Selbst von ihrem Selbst aus-

einanderzuhalten. „Ich verlor im wahrsten Sinne des Wortes die Grenzen meines Selbst", sagt er dazu. Diese Situation ging soweit, daß Carl Rogers Hals über Kopf seine Arbeitsstelle verlassen mußte und sich für drei Monate zurückzog. Schließlich entschloß er sich, eine Therapie zu machen. Über deren Verlauf schreibt er: „... Ich arbeitete in der Therapie bis zu dem Punkt, daß ich mich selbst wertschätzen konnte, ja, sogar mich mögen konnte und weniger furchtvoll war, Liebe anzunehmen und zu geben." Carl Rogers hatte bis zu diesem Moment das Gefühl, daß ihn niemand liebt. „Auch wenn man das schätzte, was ich tat, ich erachtete mich für nicht liebenswert, ich erachtete mich wirklich für weniger wert, auch wenn ich nach außen hin weiß Gott welchen Eindruck erweckte."

Dieses Gefühl, schreibt Howard Kirschenbaum (1979, 191ff) in seiner Biographie über Carl Rogers, war tief in Rogers eingewurzelt. Die Erfahrungen und Umstände, die zu diesem Gefühl beigetragen hatten, ereigneten sich in seiner Kindheit. Sie hatten sich tief in ihn eingegraben, Rillen hinterlassen, ja sogar Wunden geschlagen. Mit der Zeit waren diese Einschürfungen und Wunden überdeckt worden durch seine Erfolge und seine Berühmtheit. Aber sie waren nicht ausgeschaltet, nicht beseitigt worden. Erst die genannten Erfahrungen mit der Klientin brachten ihn wieder in Berührung damit. Nach seiner Therapie konnte Carl Rogers freier als bisher sich auf tiefe emotionale Beziehungen mit Klienten einlassen und auch in ihrer tiefsten emotionalen Krise es bei ihnen aushalten. Er war jetzt bereiter und fähiger, sich in seinen therapeutischen Beziehungen auf mehr Intimität einzulassen.

c. Die angeschlagene Grunderfahrung von Intimität

Jeder wird bei sich selbst erfahren haben, wie angeknackst seine Grundfähigkeit sein kann, Intimität selbst zu erfahren, zuzulassen und sie anderen zu geben, wie unterschiedlich stark er Intimität in sich erfährt und spürt. Mancher wird sie gar nicht spüren, da er in seiner Kindheit auf die Erfahrung von Sorge, bedingungsloser Annahme und Liebe, Geborgenheit, Intimität und Wärme verzichten mußte.

Wer dies nicht erfahren hat, wem diese fundamentale Erfahrung von Intimität in seiner Kindheit vorenthalten wurde, dem wird es schwerfallen, wenn nicht gar überhaupt streckenweise unmöglich sein, sich selbst gegenüber diese Gefühle und Haltungen der Annahme, der Sorge, der Liebe, zu spüren und zu erfahren. Er wird auf die unterschiedlichste Weise versuchen, diese Erfahrung zu machen, mitunter ihr sogar nachjagen, und das in den verschiedensten Aktivitäten oder auch unterschiedlichsten Beziehungen. Doch die Erfahrung, geliebt, angenommen, wertvoll zu sein, wird bei ihm, wenn überhaupt, nur selten Wohnung nehmen.

Der unter ihnen, der religiös und christlich ausgerichtet ist, wird im 1. Johannesbrief zwar lesen: „Lasset uns lieben, denn er hat uns zuerst geliebt." Doch diese Wahrheit wird sein Herz nicht erreichen, solange dieses Wort nicht Fleisch geworden ist in seinem Leben. Die wunderschöne Aussage im Psalm 139: „Ich danke dir, daß du mich so wunderbar gestaltet hast", wird ihn nicht ergreifen, wird für ihn nicht zum Fleisch werden, mag er dieses Psalmwort auch hundertmal beten oder immer wieder darüber predigen.

2. Befähigung zur Intimität

> „Natürlich wartet die geschlechtliche Intimität nicht immer auf die Fähigkeit, eine wechselseitige psychologische Intimität mit einem anderen Menschen zu entwickeln."
>
> *Erik Erikson*

a. Die Entwicklung echter, wechselseitiger Intimität

Die Erfahrung von menschlicher Nähe im Kleinkindalter ist wichtig als Grunderfahrung von Intimität. Sie erfüllt ein Grundbedürfnis, das, bleibt es unerfüllt, immer wieder — oft vergebens — danach trachtet, erfüllt zu werden. Diese Erfahrung von Intimität entscheidet mit, wie ich zu mir selbst stehe und wie ich mich selbst erfahre. Sie wirkt vor allem nach innen.

Zu Beginn des Erwachsenenalters ist Intimität nochmals das große Thema. In dieser Zeit ist jungen Erwachsenen, so Erik Erikson (1981, 138), die Aufgabe gestellt „eine echte und wechselseitige psychosoziale Intimität mit einer anderen Person zu entwickeln, sei es in einer Freundschaft, in erotischen Begegnungen oder in gemeinsamer Begeisterung". Befähigung zur Intimität meint hier zunächst einfach, die Befähigung zu einer tiefergehenden zwischenmenschlichen Beziehung, in dem Sinne, daß ich in der Lage bin, aus mir herauszutreten und mich auf eine andere einzulassen.

Ging es in der vorausgehenden Phase der Identitätsfindung vornehmlich um die Frage „Wer bin ich?", so gewinnt jetzt zunehmend die Frage an Bedeutung „Wer bist Du?". Je deutlicher mir meine eigene Identität ist, je klarer mir ist, wer ich bin, desto bereiter und fähiger bin ich, desto freier fühle ich mich, mir die anderen anzuschauen, auf mich wirken zu lassen, auf sie einzugehen. Das verlangt, sich selbst etwas zurückzunehmen, um Platz zu machen für die anderen, sie wirklich in den Blick zu bekommen.

Fähig zu sein für Intimität heißt in dieser Phase meines Lebens, ausbrechen zu können aus dem Kreisen um mich selbst, um mich aufzumachen, die andere Person zu entdecken. Da es nicht darum geht, die andere wieder in die zurechtgemachten und überlieferten Kategorien einzusperren, sondern das Bild von ihr auf dem Hintergrund der Begegnung, der Erfahrung mit ihr zu machen, ist es tatsächlich eine Entdeckungs- und Abenteuerreise mit ungewissem Ausgang. Will ich die andere wirklich kennenlernen, sie tiefer erfahren, kann ich nicht hochgerüstet in eine Begegnung gehen, muß ich zuvor bei mir abrüsten. Das ist die Voraussetzung für eine intime Beziehung. Das ist die Voraussetzung, um die andere zu erreichen, bei ihr anzukommen, mich von ihr ansprechen, berühren, erfassen zu lassen — von dem, was bei ihr ist, aus ihr kommt, sie mir vertrauter macht, mich ihr näher bringt. Ich setze mich damit auch der Möglichkeit aus, ungeschützt wie ich bin, verwundet zu werden. Dieses Risiko kann mir nicht erspart werden, will ich mein wahres Selbst in der Begegnung mit der anderen zulassen, jene Seiten von mir, die ich sonst — mit Recht — schütze, weil sie schutzbedürftig, weil sie weich und daher besonders anfällig für Verletzungen sind.

Unterbleibt dieser Prozeß, bringt ein junger Mensch eine solche intime Beziehung zum anderen nicht fertig, dann, so Erik Erikson (1973, 115) „wird er sich entweder isolieren oder bestenfalls nur sehr stereotype und formale zwischenmenschliche Beziehungen aufnehmen können (formal in dem Sinne, daß diesen Beziehungen das Spontane, Warme und wirklich Kameradschaftliche fehlt)..." Die Folge ist, daß der Betreffende ein isolierter Block bleibt, steif, kontrolliert, kontaktarm. Seine Beziehungen zu anderen bleiben oberflächlich. Versuche der anderen, näher an ihn heranzukommen, prallen bei ihm ab. Intimität, eine echte, tiefergehende, mich mit anderen verbindende Beziehung ist dem Betreffenden suspekt, ungeheuer, unangenehm. Er will sie nicht, ja kann sie gar nicht eingehen. Diese Unfähigkeit zu echter Intimität, die sich in Distanzierung und Isolierung zum Ausdruck bringt, erweist sich in der Regel auch als Unfähigkeit zu zwischenmenschlicher Empathie.

b. Unverbindliche Beziehungen: Ein Beispiel

Folgendes Beispiel zeigt auf, welche Rolle Karrieredenken, Arbeitswut, Sexualität einnehmen, wenn die Grunderfahrung von Intimität und Intimitätsbefähigung zu kurz kommt.

McAllister (1986, 44ff) berichtet: „Carl, Ordensmann, 50 Jahre alt, beschreibt in der Therapie sein Leben als aufregend. Durch seine Tätigkeit war er mit vielen bedeutsamen Leuten zusammengekommen. Diese Beziehungen öffneten ihm die Türen zu einflußreichen Leuten, die auch dafür sorgten, daß er nie an Geldmangel leiden mußte. Das Ausmaß seiner Arbeit machte es notwendig, daß er eine persönliche Sekretärin hatte. Nach einer kurzen Zeit wurde diese Beziehung zu einer sexuellen intimen Beziehung, die über zehn Jahre bis zum Zeitpunkt seiner Therapie bestehen blieb. In der Therapie wird deutlich, daß es Carl in seinen Beziehungen zu anderen immer an echter Intimität fehlte. Sein Vater, ein eher distanzierter Mann, sprach so gut wie nie zu seinen Söhnen. Die Mutter, sehr fromm, erzählte jedem, der es wissen wollte, wie sehr sie ihre Kinder liebte. Aber sie zeigte diese Liebe nie ihren Kindern. Carl konnte sich nicht daran erinnern, daß seine Eltern ihm jemals eine Geschichte vorlasen oder ihn vor dem Zubettgehen küßten oder überhaupt jemals physischen Kontakt zu ihm hatten. Sie erwarteten gute Ergebnisse in der Schule, Gehorsam gegenüber Autoritäten und vorbildhaftes Verhalten. Carl hatte nie eine nähere Beziehung mit Gleichaltrigen. Als er das Gymnasium beendet hatte, ging es ins Priesterseminar. Dort ragte er aus allen anderen hervor. Sein Intellekt und sein Charme machten ihn beliebt. Doch er traute keinem und unterhielt auch mit keinem eine engere Beziehung. Nach seiner Priesterweihe machte er sehr schnell Karriere und übernahm ei-

nen Posten mit sehr großem Einfluß. Seine Beziehungen zu seiner Familie brach er so gut wie ganz ab. Während seiner Kindheit erfuhr Carl nie echte Gefühle durch andere. Als Erwachsener empfand er seinerseits keine echte Sorge für andere. Was er gab, gab er, um mehr dafür für sich zu erhalten. Seine Freunde gebrauchte er für seine Karriere. Seine Beziehung zu seiner Sekretärin band diese an ihn fest. Ihre Organisationstalente halfen ihm weiter. Er benutzte sie so, wie er andere benutzte. Am Ende benutzte er sie sogar, um seine Wut gegenüber seinem Oberen zum Ausdruck zu bringen, der ihm nicht eine gewünschte andere Stelle verschaffte. Er verließ den Orden und heiratete sie. Doch bereits nach sechs Monaten war die Ehe für ihn unerträglich geworden. Er wollte wieder zurück in sein altes Leben. Er meinte: ‚Ich brauche viele Leute, die mich lieben.' Viele Menschen hatten ihn geliebt. Auf der anderen Seite war er nie wirklich intim mit jemand anderem gewesen. Er konnte es gar nicht."

Carl ist unfähig für intime Beziehungen. Er vermag nicht auf eine tiefe und bedeutungsvolle Weise in Kontakt zu einem anderen Menschen zu treten, so daß die Oberfläche durchbrochen würde, um durch das Zur-Sprache-Bringen, um durch das Zum-Ausdruck-Bringen dessen, was ihn innerlich bewegt, berührt, ausmacht, in eine verbindliche Verknüpfung und Beziehung zu einem anderem Menschen zu treten.

c. Sich-Verlieben: Ein Ausbrechen aus der eigenen Welt

Die Befähigung zu zwischenmenschlicher Empathie ist Voraussetzung für Intimität und jede tiefergehende Beziehung. Ein Stoß nach vorne in diese Richtung kann mit dem Sich-Verlieben in einen anderen Menschen verbunden sein. Das ereignet sich in der Regel in der Jugendzeit bzw. im frühen Erwachsenenalter.
Sich-Verlieben ist ein Ausbrechen aus der eigenen Welt, ein Über-

schreiten der eigenen bisherigen Grenzen, um sich, seine Identität mit einem anderen und dessen Identität zu vermischen. Lasse ich das Sich-Verlieben zu, dann lasse ich auch meine Sehnsucht nach intimen Beziehungen mit anderen Menschen zu. Wenn ich hinter meinen Mauern hervorkomme, angezogen durch die andere Person, schaffe ich anfanghaft die Bahn für zwischenmenschliche Empathie, die Fähigkeit, mich von anderen Menschen berühren zu lassen und sie selbst zu berühren. Ich meine damit, ganzheitlich mich von ihnen berühren zu lassen. Das schließt die physische Berührung nicht aus, macht sie aber nicht zur Voraussetzung. Das genitale sexuelle Verlangen mag im Verlieben vorhanden sein, ja mitunter sogar die treibende Kraft sein. Doch das erlaubt es nicht, diesen Vorgang auf die sexuelle Ebene zu reduzieren.

Die durch das Sich-Verlieben entfachte Kraft kann helfen, die Mauern der Selbstisolation zu sprengen, mich so zu entgrenzen, daß ich offen werde für die andere Person, sie stärker auf mich wirken lasse, sie dabei entdecke, um schließlich in all dem, Interesse für sie zu entwickeln, bis dahin, daß sie mir wirklich etwas bedeutet. Was das Sich-Verlieben in mir entzündet, ist dann nicht nur eine Stichflamme, sondern ein Feuer, das jetzt von mir genährt wird, mir und der anderen Wärme spendet, für mich und die andere leuchtet, um dann später mir und anderen Wärme zu spenden, für mich und andere zu leuchten.

d. Intimität als Hingabefähigkeit

Das Verständnis von Intimität, das Erik Erikson im Rahmen des Lebenszyklus eines Menschen entwickelt hat, verdeutlicht die tiefe und lebensgeschichtlich fundamentale Bedeutung von Intimität. Es ist die Fähigkeit, den jeweilig anderen auf einer tieferen Ebene an sich teilhaben zu lassen. Die geschlechtliche Seite ist dabei, so Erik Erikson, nur ein Teil davon.

Kennzeichen von Intimität und der Fähigkeit zur Intimität ist, das zu zeigen, mitzuteilen, zuzulassen und auszusetzen, was hinter der harten Kruste liegt. Zwei harte Krusten prallen aneinander ab. Es braucht Weichheit, soll etwas ineinander gehen, sich berühren, wirklich berühren, so daß man es auch spürt. Das sind Kennzeichen von Intimität. Im Gegensatz dazu gibt es Freundschaften, in denen die Partner, so R. W. White (zit. in: Egan, 1980, 190) „alles miteinander tun und überall zusammen hingehen, unzertrennbar sind, aber niemals ein Wort über das, was ihnen innerlich am wichtigsten ist, austauschen. Man könnte hier im wahrsten Sinne des Wortes sagen, daß sie Seite bei Seite stehen und hinausschauen auf die Welt, aber niemals auf und in den jeweilig anderen."

Intim kann die Beziehung zu Berufskollegen und -kolleginnen sein, die eine Loyalität füreinander, gegenseitige Unterstützung, gleiche Ansichten und eine große Offenheit im Rahmen der gemeinsamen Arbeit verbindet (vgl. Egan, 1980, 191). Intim kann die Beziehung zu den Teilnehmern eines Familienkreises im Rahmen einer Pfarrgemeinde sein oder unter den Teilnehmern einer Supervisionsgruppe, die im Rahmen ihrer Treffen wirklich über das sprechen, was sie berührt und bewegt, wo sie es wagen, sich so zu zeigen, wie sie sind, wohlwissend, daß sie sich damit verwundbar machen. Es gibt, so Hermann Stenger (1988, 100 f), viele Vorformen der Liebe im Laufe der psychosozialen Entwicklung des Menschen, aber erst die erreichte Identität, das eigene gefundene Fundament am Anfang des frühen Erwachsenenalters erlaubt jene Intimität „jene Selbstlosigkeit gemeinsamer liebender Zuwendung, die die Liebe in wechselseitiger Hingabe verankert". Diese Hingabefähigkeit bewährt sich in erster Linie in der geschlechtlichen Vereinigung und wird dann zur eigentlichen „Genitalität", die mehr als sexuelle Funktionstüchtigkeit ist. Intime Hingabefähigkeit bewährt sich aber auch, so Hermann Stenger weiter, in der Form von Freundschaft, im gesunden Wettstreit, im Engagement für Menschen und

Ideen, im Erleben von Inspiration und Intuition, wie auch in meditativen bzw. kontemplativen und in kultisch-liturgischen Erfahrungen.

3. Intimität und Berührung

> „Jene werden unsensibel genannt, denen die grundsätzliche Offenheit für die Vergnügungen, die durch Berührung entstehen, abgeht."
>
> Nach Thomas von Aquin

a. Körperlicher Kontakt: Ein elementares menschliches Bedürfnis

„Es sind nicht so sehr Worte, sondern Handlungen, die Zuneigung und Interesse zum Ausdruck bringen, wonach Kinder und in der Tat auch Erwachsene verlangen", sagt Ashley Montagu (1971, 335). Dazu gehört seiner Meinung nach auch der körperliche Kontakt. Er ist für ihn ein elementares menschliches Bedürfnis. „Ein Maßstab für die Entwicklung einer Person als ein gesundes menschliches Wesen ist das Ausmaß, mit dem er oder sie wirklich fähig ist, einen anderen zu umarmen und sich an der Umarmung des anderen zu erfreuen... im wahrsten Sinne des Wortes in Berührung mit anderen zu kommen" (250).

Die körperliche Berührung, die das Baby und Kleinkind erfahren, sind von grundlegender Bedeutung für das Überleben des Kindes. Nicht minder fundamental ist die Bedeutung, die sie für die Entwicklung des Kindes hat, nicht zuletzt auch, was seine Fähigkeit zur Intimität betrifft. Die Grunderfahrung von Intimität, bei der die Erfahrung von körperlicher Nähe besonders stark ins Gewicht fällt, ist, wie ich bereits deutlich machte, wichtig. Bleibt sie aus, bleibt Intimität etwas Fremdes im eigenen Leben.

Entfällt die intime körperliche Berührung beim Kleinkind, die durch Streicheln, An-sich-Drücken, Herzeln, Liebkosen, Umarmen und anderes mehr zum Ausdruck gebracht wird, oder kommt sie zu kurz, hat das erhebliche Auswirkungen auf die Fähigkeit im späteren Leben mit anderen Kontakt aufzunehmen. Der Betreffende wird sich schwer tun mit Formen von Kontakt, die mit körperlicher Berührung verbunden sind, wie jemandem die Hand zu geben, einen zu umarmen oder zu küssen. Eine andere mögliche Konsequenz geht noch tiefer. Das Fehlen oder Zukurzkommen körperlicher Berührung in den Anfängen des Lebens heißt auch: Das Gefühl angenommen und geschätzt zu sein, das auch der körperlichen Vermittlung durch andere bedarf, mag sich schwächer, wenn überhaupt, entfalten. D.h., es gibt einen Zusammenhang zwischen körperlicher Berührung in den Anfängen des Lebens und der emotionalen Grundbefindlichkeit.

Auch im Erwachsenenalter spürt man diesen Zusammenhang, wenn er auch hier nicht so gravierend sein dürfte. Der körperliche Kontakt kann jetzt eine Verstärkung und Bestärkung des schon vorhandenen Gefühls, angenommen zu sein, bedeuten. Auch das ist wichtig. Doch es kommt der Berührung nicht diese konstituierende, grundsätzliche, grund-legende Bedeutung zu, wie das offensichtlich für die frühe Kindheit gilt. Körperlicher Kontakt ist jetzt mehr eine Möglichkeit der Kommunikation, die oft mehr zu sagen vermag als Worte. Sie kann das verstärken und unterstreichen, was ich sage. Vor allem aber bringt die Berührung, das, was ich sage, näher, macht es intimer und wirklicher zugleich.

b. Die Macht der Berührung

Ich kann sehr vieles sagen, einem einzelnen, einer Gruppe, einer großen Zuhörerschaft. Ich kann dabei sehr vieles sagen, das Ausdruck meiner Liebe und Sorge für den jeweiligen Menschen oder für die Gruppe, die Zuhörerschaft ist. Mit der Berührung verhält sich das anders. Sie kann ich nur jeweils einem einzelnen gegenüber zum Ausdruck bringen. Sie setzt die konkrete Begegnung voraus. Das dürfte auch einer der Gründe dafür sein, daß die Macht und die Wirkung der Berührung in der Regel stärker ist als die der Worte.

Ein Aussätziger kam zu Jesus und bat ihn um Hilfe; er fiel vor ihm auf die Knie und sagte: „Wenn du willst, kannst du machen, daß ich rein werde." Jesus hatte Mitleid mit ihm; er streckte die Hand aus, berührte ihn und sagte: „Ich will es — werde rein!" Im gleichen Augenblick verschwand der Aussatz, und der Mann war rein (Mk 1,40—42). Bei der Priesterweihe ist die Handauflegung des Bischofs der „stärkste" Moment. Auch bei der Firmung kann sie für den Firmling ein nachhaltiges intimes Zeichen für das sein, was auf einer tieferen und höheren Ebene, in diesem Moment an ihm geschieht. Die Handauflegung des Priesters und der Angehörigen im Rahmen der Krankensalbung kann für den Kranken zum tiefempfundenen Erlebnis werden, das ihn die heilende Kraft des Sakramentes spüren läßt. Die Umarmung der Mönche beim Friedensgruß und der einfache Friedensgruß mit dem Reichen der Hände im Gottesdienst — sie sind Ausdruck von Berührung, sie bringen eine Nähe mit sich, die ohne die Berührung zwar auch da sein mag, durch sie aber verstärkt, konkret, erfahrbar gemacht wird. Das Halten der Hand, das leichte Anrühren der Schulter, die tröstende Umarmung — sie sind Formen von Berührungen, die u. a. in der Beratung und Therapie Nähe, Trost, Ermutigung, Liebe, Empathie, Wärme und Sorge ausdrücken können. Sie sind Ausdruck von Intimität. Sie stehen für etwas, das von innen kommt. Sie versuchen das, was von innen kommt, zu übersetzen, indem sie das in der Berührung entsprechend umsetzen. Dabei ist die äußere Berührung nur ein Teil des Ganzen. Sie ist nur das sichtbare Äußere, das Dazwischen. Die empfangende Person empfängt über die Berührung das, was vom anderen, aus seinem Inneren, zu ihr kommen soll. Über die Berührung fließt es zu ihr hinüber, kann es sich bei ihr und in ihr ausbreiten.

Die Macht der Berührung liegt begründet in der Intimität, die sie schafft und verbreitet. Sie schafft Nähe. Nähe ist Voraussetzung für sie. Genau das ist aber auch ein Grund für die Angst, die von Körperkontakten ausgehen kann. Von daher ist es auch verständlich, daß es eine angemessene und notwendige Zurückhaltung gegenüber Berührungen gibt. Das gilt es zu respektieren und zu unterstützen. Hier wird auch deutlich, wie wichtig das Einverständnis der anderen ist, sie zu berühren. Erst wenn ich die Erlaubnis der anderen habe oder ich von der Situation her keinen Zweifel habe, daß meine Berührung gewünscht und angemessen ist, kann ich Mitmenschen berühren und damit in ihre Intimsphäre eintreten. Das kann in der Regel nur sehr behutsam geschehen, immer berücksichtigend, wie die anderen reagieren.

c. Die irrationale Angst vor Berührung

Diese Vorsicht und Zurückhaltung gegenüber Berührungen kann nicht gleichgesetzt werden mit einer irrationalen Angst vor Berührung oder der Unfähigkeit, jemanden zu berühren bzw. sich berühren zu lassen. Hier handelt es sich nicht um eine bewußte, der Situation und dem Anliegen angemessene Zurückhaltung. Es ist Zeichen einer Grenze, einer Unfähigkeit, an der die Betroffenen, wenn sie es zulassen, oft auch leiden. Solche Berührungsangst bei einem Menschen gilt es zunächst auch zu respektieren. Das wird gut gelingen, wenn der davon Betroffene zu seiner Angst steht und nicht so tut, als wäre es gar kein Problem für ihn, als berühre ihn das nicht. Schwieriger wird es, wenn diese Angst überspielt wird. Das kann soweit gehen, daß diese „Behinderung" als etwas Erstrebenswertes, ja Notwendiges hingestellt wird. Unausstehlich wird es, wenn die davon Betroffenen von anderen erwarten, ihrerseits auf Berührung zu verzichten. Sie dürften auch mitunter sehr schnell bereit sein, Berührungen ins schiefe Licht zu rücken und ihnen den Stempel „gefährlich" aufzudrücken.

Für Thomas von Aquin ist die Fähigkeit, empfänglich und offen zu sein für das Vergnügen, das aus der Berührung kommt, eine Tugend. Ob eine Berührung gut oder schlecht ist, hängt seiner Ansicht nach von den Handlungen ab, die damit verbunden sind. Die Möglichkeit, daß eine schlechte Handlung daraus erwächst, kann, ja darf aber kein Grund sein, jetzt überhaupt die Empfänglichkeit und Offenheit dafür preiszugeben. Thomas von Aquin geht es darum, die Fähigkeit für körperliche Empfindungen in das (christliche) Leben zu integrieren. Sie soll fruchtbar gemacht werden, soll in einer positiven Weise für das Leben genutzt werden. Das verlangt ein aktives Umgehen mit dieser Fähigkeit und das Gestalten der ihr zugrundeliegenden Triebe, Bedürfnisse und Sehnsüchte entsprechend der jeweiligen Lebenssituationen und des jeweiligen Lebensentwurfes. Dabei wird es auch immer wieder zu Einschränkungen kommen, die notwendig und auch für die Verfolgung des gewählten Lebensentwurfes wichtig sind. Das sollte aber nicht soweit gehen, daß dadurch die grundsätzliche Bejahung und Offenheit gegenüber der körperlichen Empfindung in Mitleidenschaft gezogen wird.

d. Berührung und Sexualität

Sexuelle Begegnung ist ohne Berührung nicht möglich. Beim sexuellen Zusammensein von Mann und Frau berühren sich ihre sensibelsten Teile. Diese äußere Berührung kann zugleich Ausdruck tiefster innerer Berührung sein.

Es ist nicht zuletzt die in der Berührung liegende Möglichkeit, sexuelles Verlangen zu wecken, zu steigern und sexuelle Erfahrungen herbeizuführen, die z. T. auch mit Recht zu einer Tabuisierung von Berührung führt. Es ist aber auch gerade die Nähe zu ganzheitlichen sexuellen Erfahrungen, die die Bedeutung von Berührung, den Wunsch danach, die Wirkung und die auch heilende Kraft, die von ihr ausgeht, miterklären läßt. Es ist das, was zu einer ganzheitlichen Sexualität gehört, nämlich die Erfahrung von Nähe, Wärme, die Vermittlung von Geborgenheit und Einheit, die die Berührung als ein wesentliches „Ausdrucksmittel" von Sexualität begehrenswert und wichtig macht.

Oft werden daher Berührung und Sexualität gleichgesetzt. Das aber führt zu einer Verengung. Der Wunsch nach Berührung muß dann zum Wunsch nach Sexualität werden, denn nur dort, so scheint es, kann dieser Wunsch erfüllt werden. Die Erfahrung und das Erleben von Berührung wird damit eingeschränkt. Wer kann, will sich immer auf eine sexuelle Begegnung einlassen, um seinem Verlangen nach Berührung nachzukommen? Die Sexualität wiederum muß herhalten, wird mitunter sogar gebraucht und mißbraucht für etwas, das zwar auch einen wesentlichen Teil von ihr ausmacht, aber auch außerhalb und unabhängig von ihr einen Platz, Bedeutung und Sinn hat.

Es gibt Männer und Frauen, die den sexuellen Kontakt suchen, obwohl sie eigentlich nach Berührung und die mit ihr verbundene Erfüllung ihrer Bedürfnisse und Sehnsüchte nach Nähe, Angenommensein, Geborgenheit, Kontakt und Liebe verlangen. Weil diese Bedürfnisse und Sehnsüchte durch die Tabuisierung der Berührung, zumindest soweit ihre Erfüllung über die Berührung möglich ist, außerhalb der (expliziten) Sexualität erheblich beeinträchtigt werden, erhält die geschlechtliche Begegnung ein Gewicht, wird sie mit etwas befrachtet, was ihr zwar auch zukommt, was auch durch sie erfahrbar ist, was ihr aber nicht ausschließlich vorbehalten ist und wofür sie nicht immer der erste und nicht unbedingt der beste Platz ist.

Geschieht das, kann es passieren, daß die Sexualität überfordert wird. Statt daß sie als *eine* Form der Berührung, die in sich wieder viele Variationen aufweist, Ausdruck und Erfüllung ganz bestimmter Bedürfnisse und Sehnsüchte darstellt, muß sie jetzt herhalten für die Erfahrung vieler unterschiedlicher Bedürfnisse, Wünsche und Sehnsüchte, die durch die Berührung ermöglicht wird. Die der Sexualität zukommende Einzigartigkeit wird dann im wahrsten Sinne des Wortes umgedreht, wenn sie nicht mehr der Höhepunkt, der Abschluß, der Gipfel von Intimität ist — denn sie ist ja das eigentliche Ziel dieser Bedürfnisse, Wünsche und Sehnsüchte — sondern gewissermaßen als Tor dazu gesehen und gebraucht wird.

Berührung erfüllt viele Bedürfnisse und Wünsche. Sie ist Ausdruck von Nähe und Sorge. Sie vermittelt Nähe und Trost. Sie schenkt Wärme und Geborgenheit. Sie spendet Vergnügen und Lust. In einer ganzheitlichen sexuellen Begegnung kann ich all das auch erfahren — doch wirklich nur dann, wenn ich zuvor mit diesem Menschen die vielen anderen Formen von Berührung erfahren habe und das, was sie mir vermitteln wollen. *Sie* können letztlich nicht durch die sexuelle Erfahrung ersetzt werden — auch dann nicht, wenn ich bis zum Nimmerleinstag immer wieder versuchen sollte, genau das über die sexuelle Begegnung zu erreichen.

e. Gemeinschaft ist mehr als „Getting in Touch"

Eine Reaktion auf die Tabuisierung von Berührung sind Kurse, Wochenendseminare, gar eigene Gruppen und Gemeinschaften, die die Berührung als Thema oder Umgangsform in den Vordergrund rücken. Hier wird ein vorhandenes Interesse und Bedürfnis aufgegriffen. Im Einzelfall kann das auch z. B. in einem therapeutischen Sinne hilfreich sein, wenn die Rahmenbedingungen stimmen. Es kann aber auch zu einer Herausbildung einer Art Sonderwelt führen, einer Oase, in die man sich zurückzieht, weil man in der Alltagswelt keine oder zumindest zuwenig Berührung und Nähe erfährt.
Ein Beispiel dafür ist die „Getting in Touch Community" in Kalifornien. In einer Broschüre über sie heißt es: „Getting in Touch und die Mitglieder der Gemeinschaft heißen Dich willkommen an einem einzigartigen Ort mit einem ganz bestimmten Ziel. Es ist ein Platz, wo

Du den Streß, die Spannung und den Druck des täglichen Lebens hinter Dir lassen kannst. Ein Platz, wo die Rollen und Verteidigungsmechanismen unserer Gesellschaft belanglos sind. Ein Platz, um mit warmen, fürsorgenden Menschen in Kontakt zu treten, sich gegenseitig zu massieren und sich wirklich zu Hause zu fühlen. Die ‚Getting in Touch Community' ist ein Platz, in der Berührung eine akzeptierte Weise des Lebens ist und Intimität und Sorge offen unterstützt werden." Schwimmen, Ballspiele, Sauna, Whirl-Pool, Massage, Singen, Tanzen, gesundheitsbewußtes Essen sind Teil des Angebotes. Explizites sexuelles Verhalten wird ausdrücklich untersagt. Die Mitgliedschaft bei „Getting in Touch", die gegen Bezahlung möglich ist, will familiäre Bindungen fördern, wie die ganze Atmosphäre darauf abzielt, ein Gefühl zu vermitteln, zu Hause zu sein, zusammenzugehören, eine große Familie zu sein.

Bei allem Respekt vor den Intentionen der Männer und Frauen, die diese Möglichkeiten anbieten, unterstützen, oder einfach wahrnehmen — die Erfahrungsmöglichkeiten in dieser Kommunität werden, mit wenigen Ausnahmen, oberflächlich bleiben. Das ist zunächst einmal gar nicht zu kritisieren, wenn diese Erfahrungen auf der Ebene gesehen werden, wie sie auch sonst mit Freizeitvergnügen möglich sind. Es wird nur dann problematisch, wenn diesen Erfahrungen, wie bei „Getting in Touch", eine Bedeutung zugemessen wird, die mit Erfahrungen in einer Familie oder Gemeinschaft vergleichbar sind. Ganz abgesehen davon, daß hier nur die hellen Seiten, die schönen Erfahrungen angesprochen werden, wird hier etwas vorgemacht, was einfach nicht stimmt. Es wird der Eindruck erweckt, als sei hier eine „Grundlage" gegeben, die aber in Wirklichkeit nicht gegeben ist, nicht zuletzt auch, weil hier nicht die Voraussetzungen gegeben sind für verbindliche Beziehungen, die dann auch zu Verbindlichkeiten führen, auf die hin etwas wachsen und sich entwickeln kann. Die hier möglichen Erfahrungen von Berührung, z. B. über eine Massage, stehen nicht in Verbindung mit etwas, was mir wesentlich ist, was aus einer großen Tiefe in mir kommt, was z. B. von meiner Sorge und Liebe für den anderen genährt wird, und sie verbinden mich nicht mit dem anderen, weil es, im wahrsten Sinne des Wortes, bei einer oberflächlichen Berührung bleibt, die Spaß macht und entspannt, nicht aber jene Tiefe anzurühren und ins Spiel zu bringen vermag, die zur Grundlage echter Freundschaft und wirklicher Gemeinschaft gehört.

II. KAPITEL

1. Intimität und Therapie

> „Offensichtlich sind sich Therapie und Intimität in ihrem besonderen Anliegen ähnlich. Tatsächlich ist Intimus die besondere Sphäre der Therapie. Der Therapeut steht vor der Aufgabe, jene innerste Gefühlsebene, jene Affektseite, jenes versteckte Intimum des Menschen zu erreichen, es zu erkennen, mit ihm auf die gleiche Wellenlänge zu kommen und sich zu bemühen, es zu heilen."
>
> *Thomas Oden*

a. Durch Intimität zum Intimum im Menschen

Meine eigenen Erfahrungen als Therapeut haben mein Verständnis von Intimität stark beeinflußt und geprägt. Hier erfahre ich immer wieder die heilende Kraft, die von Intimität ausgeht. Von hier kommt meine eigentliche Motivation, mich auf die Suche nach ganzheitlicher Intimität zu machen.

Die therapeutische Begegnung ermöglicht auf eine besonders intensive Weise Intimität. Die bedingungslose Akzeptanz mit der ich hier der ratsuchenden Person beggenen kann, schafft eine Atmosphäre, die Intimität fördert. In dieser Atmosphäre ist es möglich, die weichen Seiten aufzudecken, die sie sonst bedeckt hält. Hier braucht sie keine Angst zu haben, daß sie verletzt werden. Hier darf sie Einblicke in ihre Intimsphäre zulassen. Je mehr Akzeptanz sie spürt, desto bereitwilliger wird sie sich auftun, desto tiefer läßt sie in sich hineinschauen, desto deutlicher wird das, was innen ist nach außen treten.

Das der therapeutischen Situation eigene Setting ermöglicht und erlaubt die Öffnung der eigenen Intimsphäre. Sie stellt gleichsam eine Erweiterung des eigenen persönlichen Bereichs dar. Sie bürgt dafür, daß das, was hier geschieht, genau so gut aufgehoben und geschützt ist, wie das, was in der eigenen Intimsphäre vor sich geht. Erst diese Gewißheit und die Erfahrung dieser Gewißheit vermögen die Mauern, die die eigene Intimsphäre schützen — soweit das notwendig ist — zum Einsturz zu bringen, erfährt sie doch, daß die Mauern des therapeutischen Rahmens genug Sicherheit und Schutz bieten.

Als Therapeut kann ich diese Intimität, die Erweiterung der Intimsphäre der anderen zulassen und fördern, gegebenenfalls auch in diese Intimität eintauchen, solange ich mich dabei in meinem vorgeschriebenen therapeutischen Rahmen bewege bzw. bewegen kann. Ich will eine intime Atmosphäre schaffen, ich will das für die Ratsuchenden. Sie sollen sich zunehmend so fühlen, daß sie das, was ihnen auf dem Herzen liegt, einfach sagen können.

Die vertrauliche, intime Atmosphäre tritt dann an gegen die oft sehr starken Tendenzen und Mechanismen, die verdecken, unterdrücken, verschleiern, entstellen möchten, was wirklich an Gedanken, Gefühlen und Wünschen da ist. Jetzt werden diese zum Teil notwendigen Tendenzen und Mechanismen nicht einfach außer Kraft gesetzt. Ihre Wirksamkeit wird lediglich beeinträchtigt. Die intime Atmosphäre erlaubt das Heraustreten von intimen Gedanken, den cogitationes intimae, den intimen Gefühlen und Wünschen. Sie erzwingt es nicht. Sie zwingt lediglich die Kräfte in die Knie, die bisher die Szene beherrschten, die Angst, Unsicherheit und Furcht vor Sanktionen verbreiteten. Die intime Atmosphäre führt sie ad absurdum. *Hier* sind sie nicht notwendig.

b. Eingetaucht wie in eine Wolke

In der Begegnung mit Ratsuchenden tauche ich ein in ihre eigene Welt. Es entsteht eine Sphäre, die für die Zeit unserer Begegnung uns umhält und umfaßt. Ich schaffe diesen Raum, indem ich mich auf andere konzentriere, mich auf sie hin ausrichte und dabei all das, was mich an mir selbst oder an anderen Menschen gedanklich oder zum Teil auch gefühlsmäßig festhält, loslasse, zumindest versuche, loszulassen.

Es ist ein Vorgang und eine Erfahrung, die vergleichbar ist mit meinem Sich-Öffnen und Sich-Ausstrecken nach Gott im Gebet, der Kontemplation oder der Meditation. Ich bin dann ganz auf Gott hin ausgerichtet — will es zumindest. Ich will eintauchen in jene Sphäre, Umfassung, die es mir erlaubt, mich mit allem, was ich in mir für Ihn empfinde, fühle, will, hinzugeben und zugleich offen zu sein für das, was von Ihm für mich herüberfließt.

An einem Frühlingsmorgen vor Sonnenaufgang
am See Gennesaret:
Mein Gott,
ich bin hinausgegangen an den See,
um zu Dir zu beten.
Ich will eintauchen in den Kontakt mit Dir.
Ich will auf die Wellenlänge kommen,
die mich mit Dir verbindet.
Ich will mich hinstrecken auf Dich,
alles in mir ausrichten auf Dich hin.

Mein Gott, es ist schön, daß es Dich gibt.
Es ist schön, mit Dir Kontakt aufzunehmen.
Ich komme nicht gleich hinein,
in diese Bahn, die mich zu Dir hinführt.
Manchmal bin ich darauf,

und ich spüre, jetzt bin ich in Kontakt mit Dir,
jetzt bin ich in Berührung mit Dir.
Dann bin ich wieder draußen,
bin ich bei mir, reflektiere über mich,
oder meine Aufmerksamkeit wird abgelenkt
durch Inneres und Äußeres.

Es ist wie in Begegnungen mit Menschen,
wo es mir manchmal gelingt,
mich ganz auf sie einzustellen,
und meine ganze Aufmerksamkeit auf sie zu richten,
um dann wieder weg zu sein von ihnen,
um meinen Gedanken nachzuhängen
oder mich anderem und anderen zuzuwenden.

Mein inneres Ausgerichtet-Sein auf Dich
ist schwächer geworden.
Das Schreiben lenkt mich ab.
Dazu kommt: Die Sonne geht zunehmend auf.
Der See, die Berge, die Landschaft um mich
werden deutlicher sichtbar.
Zuvor konnte ich gerade ihre Konturen ausmachen.
Es fiele mir jetzt schwer,
in meine alte Stimmung zurückzugehen,
wo ich mich Dir näher fühle.

Jetzt ist der Tag da.
Jetzt sieht er mich an,
verlangt, will meine Aufmerksamkeit.
Und die will ich ihm geben.

Bin ich in der Begegnung mit Ratsuchenden eingetaucht in diese Sphäre der Umfassung, sehe, spüre, erlebe ich die anderen wie vergrößert. Diese Sphäre der Umfassung weitet meine Augen, macht meinen Sinn wacher, öffnet mein Herz für die eine Person, *mit* der ich, *bei* der ich, *für* die ich da bin. Ich bin dabei, mehr als das sonst üblich ist, bei mir, zugleich aber auch mehr als in Alltagskontakten, mit, bei und für die andere da. In der Umfassung mit der anderen bin ich zusammen mit ihr eingetaucht wie in eine *Wolke*. Eine Wolke markiert deutlich sichtbar einen sphärischen Raum. Es ist ein begrenzter Raum. Intensive Umfassung ist nur in einem begrenzten Raum möglich. Ich vermag die andere nur dann wirklich zu umfassen, wenn ich mich auf sie beschränke, mich total auf sie ausrichte. Ich verenge damit bewußt meinen Blickwinkel. Das aber ist notwendig, will ich eine intensive Begegnung, will ich Dichte und Intimität in unsere Begegnung bringen. Das Bild von der Wolke veranschaulicht diese Dichte.

Wie Petrus, Johannes und Jakobus den durch die Wolke verklärten Jesus tiefer sahen, „Aspekte seines Wesens in Erscheinung" (Oraison, 1978, 72) traten, die sie bis dahin nicht bemerkt hatten, treten durch die intime Sphäre, durch die gegenwärtige Dichte, Aspekte der Ratsuchenden deutlicher in Erscheinung. Es soll zugleich eine Atmosphäre sein, die die Ratsuchenden wie Petrus, Johannes und Jakobus sagen lassen: „Hier ist es gut sein!" Doch wie Petrus, Jakobus und Johannes es erfuhren, wissen auch Ratsuchende, werden auch sie die Erfahrung machen, daß die Intimität hier zeitlich begrenzt ist. Sie kann nicht in einer Hütte festgehalten werden. Sie gilt jetzt, für eine bestimmte Zeit. Und dann hört sie wieder auf, um in Beziehung mit anderen erfahren und erlebt zu werden.

c. Intimität ermöglicht eine echte, ganzheitliche Begegnung

Es ist kurz vor fünf Uhr in der Frühe. Ich bin gerade aufgestanden und schaue von unserem Ferienhaus aus auf die Ostsee. Gleich wird die Sonne aufgehen. Noch ist alles wie verhangen. Es ist, als lege sich ein Schleier, der alles etwas verdeckt hält, darüber. Der Blick für das ein-

zelne ist noch unscharf. Ich bin noch nicht ganz wach, bin noch mit meinem Traum in Berührung und den Gefühlen und Gedanken, die ich kurz vor dem Aufstehen und beginnendem Wachwerden bei mir wahrgenommen habe. Es sind Gefühle und Gedanken, die entsprechend meinem Dämmerzustand nicht klar auszumachen sind, nicht scharf heraustreten. Sie steigen wie kleine Nebelschwaden aus einer Tiefe in mir auf. Mit dieser Tiefe in mir komme ich in diesem Zustand des Halbwachseins am ehesten in Berührung. Ich versuche diese Gefühle und Gedanken aus der sie immer noch umgebenden Umhüllung hervortreten zu lassen, sie mir zu enthüllen, sie vorsichtig in Worte zu übersetzen:

Ich bin fasziniert von dem Gedanken, daß der Mensch aus mehr besteht, als ich auf den ersten Blick von ihm sehe. Ich stelle ihn mir in meinen Gedanken als jemanden vor, der nach hinten, nach vorne, nach oben, nach unten verlängert werden kann um unsichtbare, aber doch vorhandene Schichten, die sich mir nur in der geduldigen, kontemplativen Begegnung mit ihm enthüllen. Ich gehe davon aus, daß diese Schichten da sind, sie ihn in Beziehung bringen mit seiner Mitte, dort ihren Ausgang nehmen, um sich irgendwann aufzulösen im Unendlichen, sich dort zu verlieren. Ich kann mir auch vorstellen, daß diese Schichten zunächst ganz fein und kaum wahrnehmbar im Unendlichen ihren Anfang nehmen, irgendwann fester, damit aber auch endlicher werden, sich schließlich in der Mitte des Menschen am stärksten bündeln, um dann wieder, je tiefer sie gehen und je mehr der Bereich der Seele berührt wird, sich im Unendlichen aufzulösen.

In der Beratung bin ich einer, der offen ist für den ganzen Menschen, der in anderen die Höhen und Tiefen, das Endliche und Unendliche sieht, spürt, zuläßt und mitbeitragen will, daß sie all das in sich auch sehen, spüren und zulassen. Ich komme als einer, der auch in der therapeutischen Begegnung, seine eigenen Höhen und Tiefen, das, was ich an Endlichem und Unendlichem in mir erfahre und spüre, zulasse.

Intimität ermöglicht eine solche echte Begegnung, die sich von der Annäherung von Fassaden unterscheidet. *Sie* ist durchlässig, jene undurchlässig. Sie ist auch die Begegnung mit dem, was zunächst nicht zu sehen, nur zu erahnen und zu erspüren ist. Intimität läßt in der Begegnung die tieferen, zarten Schichten vorkommen, bis sie sich gegenseitig berühren. Das ist der Moment, in dem mich die Gegenwart des anderen anrührt und berührt, der Moment der Heilung.

In der Begegnung mit Gott kann diese echte Begegnung sich ereignen, wenn ich meine innersten, zarten Schichten vor ihm bloßlege, er mich an diesen bloßgelegten, verwundbaren Stellen berührt, und ich ergriffen von seiner Nähe mich ihm ergebe und hingebe.

2. Konturen und Grenzen von Intimität

> „Eros ist pulsierendes Leben, treibende Kraft, Wärme, Feuer. Logos hingegen ist das lenkende Prinzip, welches das Leben ordnet und in Einklang bringt. Logos neigt dazu, das stürmische Wesen, den verworrenen, unruhigen Strom des Eros zu sammeln und in ruhigen Kanälen mit festen, geraden Ufern dem gesetzten Ziel entgegen zu führen ... Eros ohne Logos ist blind und irrational. Logos ohne Eros ist dürr und kalt."
> *Roberto Assagioli*

Aus der therapeutischen Erfahrung mit Intimität lassen sich einige Merkmale ableiten, die es zu beachten gilt bei dem Versuch, Intimität in den verschiedensten Lebenssituationen zuzulassen und zu leben.

a. Verfügbarkeit

Die deutlichste Grenze ist die Verfügbarkeit und das Ausmaß von Intimität. Die Verwirklichung und Erfahrung von Intimität ist für den einzelnen immer nur in der Begegnung mit einigen wenigen möglich. Ich kann nicht zu beliebig vielen Menschen eine intime Beziehung unterhalten. Ich kann immer nur zu einigen Menschen eine tiefe, bedeutungsvolle Beziehung aufbauen. Je mehr angeblich intime Beziehungen ich unterhalte, desto weniger intim werden die jeweiligen Beziehungen.
Diese Grenzen gibt es in den verschiedensten Formen intimer Beziehungen. Es gibt sie z.B. in der privaten Beziehung ebenso wie in den berufsbezogenen oder in anderen auf bestimmte Bereiche begrenzten intimen Beziehungen. In den privaten Begegnungen, in denen in der Regel die umfassenste Intimität möglich ist, wird die Begrenztheit besonders deutlich werden. Mehr Platz für intime Beziehungen im berufsbezogenen Bereich dürften z.B. Therapeuten oder Seelsorger haben. Doch auch hier gibt es deutliche Grenzen.

b. Rahmen und Grenzen

Intimität ist begrenzt durch einen vorgegebenen Rahmen und Kontext. Es gibt die eheliche Intimität, die sehr weit gehen kann, die aber z.B. den Intimbereich des einzelnen respektieren muß und hier an eine Grenze kommt. Die Intimität des zölibatär lebenden Menschen ist eingebettet in einen Rahmen, der den gewollten Lebensstil stützt und fördert. Die Intimität in der Therapie kann nur dann im therapeutischen Sinn fruchtbar gemacht werden, wenn sie eingebunden ist in das Setting der therapeutischen Beziehung, das durch die Art der getroffenen Arrangements sowie die Ausbildung und Supervision des Therapeuten gewährleistet wird.
Intimität braucht Grenzen, die sie einfassen und abstecken. Diese

Grenzen sind eine Voraussetzung für Intimität. Nur wenn ich mich auf „etwas" begrenze und konzentriere, kann ich etwas vertiefen, was ja ein wesentliches Kennzeichen von Intimität ist.

Henri Nouwen stellte sich bei einem Freiburg-Aufenthalt als ausgezeichneter Kenner des Freiburger Münsters heraus. Er sagte mir, daß er, wenn er in einer Stadt ist, sich auf „eine Sache" konzentriert und sich bemüht, dies eine genau kennenzulernen, sein Wissen darüber zu vertiefen. Das ist auch eine Form von Intimität. Die Begrenzung auf eines ermöglicht das intime Vertrautwerden mit diesem Einen, dabei in Kauf nehmend, daß anderes unbekannt und unvertraut bleibt.

c. Verzicht

Ich muß gegebenenfalls auch auf anderes verzichten, um das, was ich gewählt habe, hegen, vertiefen, zu etwas Intimem machen zu können. Die Beziehung zu meinem Partner oder meiner Partnerin ist im Idealfall meine innigste Beziehung. Das schließt ein, auf andere ebenso innige Beziehungen zu verzichten, so sehr ich mitunter auch das Verlangen danach haben mag. Der gewählte zölibatäre Lebensstil verlangt den Verzicht von Verbindungen und Verknüpfungen, die der Vertiefung jenes Lebensstils zuwider laufen würden. Will ich diesen Lebensstil zu einer inneren Sache machen, will ich die in diesem Lebensstil liegenden Möglichkeiten von Intimität und der Erfahrung von menschlicher Nähe nutzen, muß ich mich auf die mit diesem Lebensstil korrespondierenden Möglichkeiten beschränken, so sehr ich auch Momente und Phasen erleben mag, in denen ich den vorgegebenen Rahmen überschreiten möchte.

d. Schutz

Intimität bedarf der Grenze als Schutz. Es sind Grenzen, die Diskretion und Vertraulichkeit gewährleisten. So sehr es ein Kennzeichen von Intimität ist, daß wer sich darauf einläßt, sich auch verwundbar macht, so sehr ist es angezeigt, Sorge zu tragen, daß die Intimität vor möglichen verwundbaren Angriffen von außen geschützt ist. Erst wenn dieser Schutz gegenüber außen gegeben ist, kann eine Atmosphäre, eine Intimsphäre entstehen, in der ich mich so öffnen kann, daß es zu einem innigen, intimen Austausch kommt, Intimität möglich ist.

e. Distanz

In der intimen Begegnung selbst gibt es deutliche Grenzen. Die Fähigkeit zur Grenzziehung und damit einhergehend zur Distanz machen eine echte intime Begegnung erst möglich. Ich begegne dir. Du begegnest mir. Ich bleibe in der Begegnung ich, und du bleibst du. Je klarer mir ist, wer ich bin und was ich will, und je stärker das dann auch abgedeckt ist durch mich, desto unbefangener, offener, freier und, wenn ich will, tiefer kann ich auf den anderen eingehen. Ich selbst, meine Identität, entscheiden über Nähe und Distanz in Korrespondenz zur Nähe und Distanz, die mein Gegenüber zuläßt, bzw. zeigt.

Die Fähigkeit zu dieser innerlichen, von mir selbst bestimmten und getragenen Grenzziehung ist letztlich die ausschlaggebende „Instanz", die über Nähe und Distanz im jeweilgen Moment und Kontext entscheidet. Sie gilt es daher entsprechend auszubilden und zu stärken. Ist diese Fähigkeit intakt, wird sich das positiv auf das rechte Verhältnis von Intimität und Distanz auswirken. Ist sie angeschlagen, in ihrer Entwicklung beeinträchtigt, wird ihre dadurch verminderte Funktions- und Regulationsfertigkeit sich ungünstig auf das im jeweilgen Fall angemessene Verhältnis von Intimität und Distanz auswirken. Das wird auch der jeweils vorgegebene Rahmen — Ehe, Zölibat, Therapie, Kameradschaft und anderes mehr — in der Regel nicht mehr korrigieren können.

Die Fähigkeit zur Distanz, so Hermann Stenger (1988, 101) zeigt sich „in der Bereitschaft und in der Kraft, sich von Einflüssen fernzuhalten, die dem eigenen Intimbereich schaden und dem Wesen von Liebe und Treue widersprechen. Es handelt sich um eine reife Art von Zurückhaltung, die nicht aus Vorurteilen oder aus der Furcht vor Ich-Verlust, sondern aus Ich-Stärke hervorgeht".

f. Bestimmtheit

Intimität bedarf, wie ich bereits erwähnte, des Schutzes. Sie verlangt ein vorsichtiges Umgehen mit ihr. Ihr ist ein grobes, rücksichtsloses Verhalten fremd, ja ein solches Verhalten schadet ihr und verletzt sie. Damit ist aber nicht gesagt, daß Intimität Bestimmtheit, Klarheit und gegebenenfalls auch Härte ausschließt. Bestimmtheit ist notwendig, um die jeweiligen Grenzen von Intimität deutlich zu machen und aufrechtzuhalten. Es bedarf gegebenenfalls Härte, um den vorgegebenen Rahmen der Intimität aufrechtzuerhalten gegen die Versuche, diesen Rahmen zu sprengen.

Der Ratsuchenden, die versucht, den der Therapie angemessenen Rahmen der Intimität zu erweitern, indem sie über die Therapie hinaus Kontakt wünscht, wird nicht Härte erspart werden können, die sie spürt, wenn sie mit der Realität der Grenzen therapeutischer Intimität konfrontiert wird. Auf der anderen Seite darf man vom Therapeuten erwarten, daß er sich selbst klar an die Grenzen der in der Therapie möglichen Intimität hält, auch wenn diese Forderung mit anderen persönlichen Bedürfnissen kollidieren mag. Der Vertreter des Forum externum, der Vorgesetzte, Arbeitgeber, ist gut beraten, die von seiner Stellung und Verantwortung her vorgegebene begrenzte Möglichkeit für Intimität mit Männern und Frauen, für die er verantwortlich ist, zu respektieren, auch wenn ihn die damit einhergehende Distanz stören mag. Die Intimität einer vertraulichen Arbeitsangelegenheit kann auch nicht einfach aufgehoben werden durch die viel tiefer gehende Intimität einer freundschaftlichen Beziehung, wenn dadurch die „Arbeitsintimität" verletzt würde. Ein allgemeines „wir haben voreinander kein Geheimnis" kann sich hier als ein unverantwortliches Überwalzen einer gültigen und zu respektierenden Intimität, die sich aus einer anderen Beziehung und Verpflichtung ergibt, entpuppen.

III. KAPITEL

1. INTIMITÄT UND GEFÜHLE

> „Der Mensch ist göttlich, sofern er fühlt. Er ist das Gefühl Gottes. Gott schuf ihn, um durch ihn zu fühlen..."
> *Aus: Thomas Mann, Der Zauberberg*

a. Gefühle entstammen der inneren Welt

Die Gefühle entstammen unserer inneren Welt. Sie kommen aus einer großen Tiefe. Sie sind verbindlicher als Worte. Liebe, Trauer, Bedauern, Mitleid werden zu Liebe, Trauer, Bedauern, Mitleid, wenn das entsprechende Gefühl vorhanden ist und in eine entsprechende Handlung umgesetzt wird.

Ich kann mit vielen Worten jemandem sagen, daß ich Mitleid für ihn empfinde. Wenn die Worte nicht abgedeckt sind durch die entsprechenden Gefühle, sie nicht zum Ausdruck bringen, was tief in mir an Gefühlen da ist, und wenn darüber hinaus in meinem Verhalten gegenüber dem anderen dieses Mitleid nicht konkretisiert wird, bleiben meine Worte leer, sind sie nicht mehr als eine höfliche Floskel.

b. Gefühle als Emotionen

Gefühle sind E-motionen, Bewegungen, die es gilt aus mir herauszulassen. Für nicht wenige Menschen ist es zunächst einmal wichtig, überhaupt erst mit den eigenen Gefühlen in Berührung zu kommen, sie an sich zu erfahren, ihnen bei sich zum Durchbruch zu verhelfen — manchmal mit Hilfe von Therapie. Allein das Zulassen und Ausleben von Gefühlen bringt uns nicht die Begegnungen und Beziehungen, nach denen wir uns sehnen. Beschränken wir uns darauf, unsere Gefühle nur auszuleben, bleiben wir, so Rollo May (1969, 90), isoliert wie Nomaden, ohne Brücke zu irgendeiner Person in unserer Umgebung.

Mit den eigenen Gefühlen in Berührung zu kommen, sie bei sich zuzulassen und zum Ausdruck zu bringen, ist wichtig und vor allem auch in der Ausnahmesituation einer Beratung oder Therapie eine notwendige Aufgabe. Manche erwecken aber in ihrem alltäglichen Verhalten den Eindruck, als seien sie auf dieser Stufe stehengeblieben. Es ist ihnen wichtig, bei jeder Gelegenheit den anderen wissen zu lassen, was sie fühlen, wie das oder jenes bei ihnen ankommt. Sie unterlassen es nicht, darauf zu verweisen, wie lange sie gebraucht haben, endlich zu ihren Gefühlen stehen zu können, sich endlich so spontan geben zu können, endlich ihre Gefühle benennen zu können und endlich ihr Verhalten von den eigenen Gefühlen bestimmen zu können. Nicht wenige unter ihnen haben in der Tat einen langen, oft beschwerlichen Weg hinter sich und erleben ihre neue Fähigkeit als eine große Bereicherung für die sie viel gegeben haben und die sie sich nicht nehmen lassen wollen. Um so erschreckender ist es zu erleben, wie sehr manche unter ihnen bei all ihrer Fähigkeit, ihre Gefühle zu spüren, zu benennen, sie zuzulassen, bei sich zu bleiben, ihre Fähigkeit nicht dazu benutzen können, emotionale Fäden zu anderen zu ziehen und zu knüpfen. Sie scheinen zuweilen der Devise zu folgen „Do your own thing", ohne offensichtlich zu merken, wie unausstehlich sie damit für andere werden. Vor allem aber geht ihnen die Fähigkeit ab, sich in andere einzufühlen, ihre Gefühle zu benutzen, um zu erfahren und zu erspüren, was beim anderen da ist, um im Miteinander eine Ebene zu finden, ja um zwischen sich und dem anderen einen „Kanal" zu schaffen, der den Austausch von Gefühlen möglich macht und erleichtert, damit aber auch Kontakt anbahnt und am Leben erhält.

Bleiben meine Emotionen nur bei mir, können sie mir zur Hölle werden, können sie z. B. meine als schrecklich erlebte Einsamkeit noch verschärfen, weil sie mich diese Einsamkeit spüren lassen, mir aber nicht helfen, aus ihr herauszukommen. Meine Sehnsucht nach Nähe und Beziehung bleibt letztlich unerfüllt. Diese Sehnsucht bleibt eingekerkert, solange sie nicht aus mir heraustritt und in Verknüpfungen mit anderen Gestalt annimmt.

Die lächelnde Fernsehansagerin oder die sentimental aufgemachte Fernsehserie mögen uns mit dieser Sehnsucht nach Nähe, Beziehung und echter Begegnung in Berührung bringen. Zuweilen mag sich diese Sehnsucht gar an den Personen berühmter Fernsehserien festmachen, die, wenn auch nur auf der Mattscheibe, immerhin in unserem Wohnzimmer „anwesend" sind. Das kann soweit gehen, daß sie uns vertrauter sind, daß wir uns ihnen und dem, was sie bewegt, näher fühlen als den Menschen der allernächsten Umgebung, ja selbst der eigenen Familie. In den Vereinigten Staaten haben clevere Schauspieler es verstanden, durch sentimental aufgemachte religiöse Fernsehshows das emotionale Defizit vieler Menschen finanziell auszuschlachten. Sie vermitteln in ihren religiösen Shows eine heile Welt der Verbundenheit, die spätestens dann aufhört und in sich zusammenfällt, wenn man den Fernseher ausschaltet. Also läßt man den Fernseher an und rettet sich von einer Fernsehserie, von einer religiösen Show in die andere.

c. Gefühle schaffen Beziehungen

Es ist wichtig, daß es nicht nur beim Herausbewegen der Gefühle bleibt, sondern sie, wie es ihnen eigen ist, auf den anderen hin ausgerichtet werden, sie uns mit dem anderen in Kontakt bringen und verbinden. Sie können ihre verbindungschaffende Kraft aber nur in der Begegnung mit wirklichen Menschen entfalten.

Die Fernsehansagerin oder der Filmstar kennen mich nicht und können mich auch nicht näher kennenlernen, mag ich mich ihnen noch so nahe fühlen. Die Gefühle der Menschen meiner nächsten Umgebung aber, eingeschlossen der eigenen Familie, der Nachbarschaft, der Gemeinde, in der ich lebe, der Arbeitskollegen usw., gelten mir, bzw. meine Gefühle gelten ihnen. Sie kann ich riechen, spüren, anlangen; mit ihnen kann ich sprechen; sie hören mich. Die Fernsehansagerin mag noch so attraktiv und freundlich sein, dem Filmhelden mag mein größtes Mitleid gelten, sobald ich den Fernseher ausmache, sind sie weg. Ich aber bleibe bei mir mit all meinen Gefühlen.

Gefühle bringen — und hier spürt man ihre Nähe zum Eros — das Leben in eine Beziehung. Sie entscheiden, ob es wirklich zu einem Austausch zwischen mir und den anderen kommt, ob da wirklich etwas zwischen uns hin- und herfließt. Gefühle sind wie Saft, der notwendig ist, um etwas, das sonst trocken bleiben würde, in Bewegung zu halten und zu befruchten. Werden sie in einer Begegnung zugelassen, können sich ihre Schwingungen frei entfalten, um, so Rollo May (1969), in die Schwingungen der Gefühle des jeweils anderen einzustimmen, wie die Vibrationen einer Violinsaite, die von den Saiten anderer anwesender Instrumente entsprechend aufgegriffen wird.
Läßt man den Gefühlen freien Lauf, gibt man einer Begegnung zumindest die Chance zu einem tiefen, intimen Kontakt zu werden, wo sich Nähe, Vertrautheit und Wärme — alles Kennzeichen von Intimität — ausbreiten können. Die Gefühle bereichern dann das Leben, ja sie sind Ausdruck von Leben.

Carl Rogers (1987, 50) berichtet, wie seine zunehmende Bereitschaft, zu dem zu stehen und das zuzulassen, was er immer schon empfunden hat, sich auf sein Verhalten ausgewirkt hat: „Ich habe tiefere und intimere Beziehungen zu Männern entwickelt; ich kann mich im Vertrauen auf die Zuverlässigkeit der Freundschaft anderen rückhaltlos mit-

teilen.... *Auch meine Kommunikation mit Frauen ist jetzt viel intimer. Es gibt eine Reihe von Frauen, zu denen ich platonische, aber psychisch intime Beziehungen habe, die von ungeheurer Bedeutung für mich sind. Mit diesen engen Freunden, Männern wie Frauen, kann ich jeden Aspekt meines Selbst teilen — all meine schmerzhaften, freudigen, erschreckenden, verrückten, verunsicherten, egoistischen, selbstabwertenden Gefühle. Ich kann ihnen meine Phantasien und Träume anvertrauen. Und dasselbe gilt auch umgekehrt für meine Freunde. Diese Erfahrung empfinde ich als sehr bereichernd."*

d. Gefühle machen Intimität erfahrbar

Es sind die Gefühle, die Intimität erfahrbar machen. Wie immer der Charakter einer Beziehung ist, sei es nun die Beziehung zwischen Partnern, zwischen Freunden, zwischen Eltern und Kindern oder zwischen Mitbrüdern, — erfahren sie Intimität in diesen Beziehungen, dann erfahren sie sie als einen Moment, so Thomas Tyrell (1978, 55), „bei dem sie sich tief und ganzheitlich innerlich berührt fühlen durch einen anderen Menschen". Es sind Momente, bei denen es mir warm ums Herz wird, bei denen ich mich angenommen und bestärkt fühle. Diese Erfahrung können nur Gefühle vermitteln. Nur sie können so nahe an mich herankommen. Sie können es mehr als Worte und Gedanken, können es mehr als jede Berührung bzw. es bedarf ihrer, um das, was durch Worte und Berührung zum Ausdruck gebracht werden soll, wirklich so zum Ausdruck zu bringen, daß es bei dem, dem diese Worte, diese Berührung gelten, wirklich spürbar ankommt.

e. Unterdrückung von Gefühlen

Versuche ich, die Gefühle aus meinem Leben zu verdrängen, werde ich kalt und steril. Ich verliere den Kontakt zu mir selbst, vor allem aber mit den anderen. „Jene, die ihre Gefühle unterdrücken", so Robert J. McAllister (1986, 246), „zahlen einen hohen Preis für die fragwürdige Ruhe, die sie dafür erhalten. Wo Gefühle beschnitten werden, wird Enthusiasmus ebenso beschnitten, wo Gefühle begrenzt werden, wird Freude begrenzt; wenn Gefühle unterdrückt werden, wird Empathie unterdrückt". Wo Gefühle nicht zugelassen werden, kann auch keine Intimität entstehen, geschweige denn erfahren werden. Dann existiere ich zwar, aber ich *bin* nicht (vgl. Stern 1979, 89). Dann überlebe ich, aber ich erfahre nicht, daß ich lebe.

Ich kann hier nicht ausführlich der Frage nachgehen, woran es liegt, daß Manche Gefühle abwerten. Für sie sind Gefühle lediglich ein reichlich überstrapaziertes Thema von Psychologen, ein Thema, mit dem sie lieber nichts zu tun haben wollen. Sie verkennen dabei völlig, welchen wesentlichen Bestandteil in unserem Leben Gefühle haben, welche eminente Bedeutung ihnen gerade in der Beziehung zu anderen zukommt.

f. Gefühle und Sentimentalität

Eine Banalisierung von Gefühlen geschieht, wenn Gefühle mit Sentimentalität verwechselt werden. Sie werden dann als rührselig, ja als etwas Oberflächliches abgetan. Auch das Zulassen von Sentimentalität kann etwas Schönes sein. Nur, die Sentimentalität bleibt in der Tat an der Oberfläche, solange sie das eigentliche Gefühl, für das sie möglicherweise stehen mag, nicht zuläßt, solange sie nicht das den ganzen Menschen durchwehende und in Bewegung bringende echte Gefühl zuläßt und zum Ausdruck bringt.

Rollo May verweist in diesem Zusammenhang auf eine Geschichte von Kurt Tucholsky. Der berichtet von den wohlhabenden Damen, die sich anläßlich rührseliger Szenen in der Oper zu Tränen hinreißen las-

sen, nicht aber eine Spur von Gefühlen des Mitleides gegenüber den Droschkenkutschern empfinden, die derweil vor der Oper fast erfrieren.

Wer Gefühle vorschnell in den Bereich der Sentimentalität abdrängt, läuft Gefahr, die mit Gefühlen einhergehende Verbindlichkeit, Verantwortung, Vertiefung und Aktionsbereitschaft ebenso auf die Seite zu schieben.

g. „Der Mensch ist göttlich, sofern er fühlt"

In Thomas Manns Zauberberg sagt Mynheer Peeperkorn: „...Der Mensch ist göttlich, sofern er fühlt. Er ist das Gefühl Gottes. Gott schuf ihn, um durch ihn zu fühlen..." Man muß nicht gleich Descartes „cogito ergo sum" durch „sentio ergo sum" ersetzen. Und doch scheint mir das „cogito ergo sum" reichlich überstrapaziert worden zu sein auf Kosten einer angemessenen Berücksichtigung der Bedeutung, die — auch ontologisch gesehen — den Gefühlen zukommt. Sie machen einen wesentlichen Bestandteil in unserem Leben aus, ihnen kommt eine eminente Bedeutung in der Beziehung zu anderen zu.

Nicht umsonst räumt Thomas von Aquin der Liebe und Leidenschaft den Vorrang vor dem Erkennen ein. Es ist die leidenschaftliche Liebe, die uns zu Gott hintreibt, die nach der Vereinigung mit ihm drängt. Gott selbst aber begegnet den Menschen im Gemüt, der dem Bereich des „sentio", des Fühlens in diesem fundamentalen — und nicht sentimentalen — Sinn, zugeordnet werden kann. In diesem „intimum et summum mentis", der „Seelenburg", dem „Seelengrund", wie das Gemüt bei den Mystikern bezeichnet wird, ist er für uns über die Gefühle erfahrbar, ja offenbar er sich uns.

Auch für Blaise Pascal ist es „das Herz, das Gott fühlt und nicht die Vernunft; das ist der Glaube: Gott fühlbar dem Herzen, nicht der

Vernunft" (zit. in Hoppe, 1985, 72). Jean Vanier (o. J. 110), Priester und Gründer der Arche, kann auf dem Hintergrund seiner eigenen Erfahrungen mit behinderten Menschen aus tiefer Überzeugung und wie selbstverständlich sagen: „Gott offenbart sich dem Menschen in seinem Herzen und in seinen Gefühlen."

2. Intimität und Eros

> „Kreative Menschen rennen nicht weg vor dem Nicht-Sein, sondern gehen auf es zu, kämpfen mit ihm, zwingen es Sein zu produzieren. Sie klopfen an beim Schweigen und erwarten als Antwort Musik. Sie verfolgen die Sinnlosigkeit bis sie einen Sinn ergibt."
> *Rollo May*

a. Der Eros öffnet die Seele

Intimität und Eros verbindet das gleiche Mißverständnis. Auch Eros wird oft gleichgesetzt mit Sexualität bzw. dem sexuellen Drang. So steht Eros in unserem Sprachgebrauch zunehmend für Sexualität oder sexuelle Attraktion, wenn er nicht gar in das Milieu der Eros-Center abgewandert ist.

Adolf Köberle (1986, 12) schreibt zu Recht: „Man verschließt und verbaut sich von vornherein den Zugang zu dem Phänomen des Eros, wenn man ihn nur mit Erotik oder gar nur mit Sexualität gleichsetzt. Der Eros hat gewiß auch ein lebhaftes Empfinden für die Freude, die aus der Begegnung von Mann und Frau entspringt, aber er erschöpft sich darin in keiner Weise."

„Der Eros", so Adolf Köberle, „läßt den Menschen nicht bei sich selbst bleiben, er öffnet die Seele, daß sie sich verschenken kann bis hin zum Einswerden mit allem, was lebt und webt" (12). Eros drängt es nach Intimität. Eros schafft Intimität. Die im Eros gebündelte Kraft ist ausgerichtet auf Vertiefung, Vereinigung, Erhöhung, Erweiterung. Sie gibt sich daher nicht mit dem anscheinend einfach Vorgegebenen, Oberflächlichen, Äußeren zufrieden. Die ihr innewohnende Sehnsucht nach *mehr* bahnt sich ihren Weg dahin, wo sie die Erfüllung dieser Sehnsucht erwartet. Diese Erfüllung aber findet sich hinter der Kruste, der Oberfläche — der eigenen und der der anderen.

Nicht selten wird das Drängen des Eros gestoppt durch die eigene harte Schale, die sich als undurchlässig erweist, oder durch den Widerstand der Kruste bei anderen. Dann läßt Eros seine Flügel hängen. Vermag der „verlangen-entzündete" Eros aber seine Bahn zu laufen, verbreitet er um sich Buntheit, Sinnlichkeit und Leben, erweckt er seine Schwester Phantasie zu neuem Leben, schafft er eine Atmosphäre von Wärme, Wohlwollen, Nähe und Intimität. Eros *drängt* es also nicht nur nach Intimität. Er verwirklicht sich in der Intimität. Hier fühlt er sich am wohlsten. Hier ist er am stärksten erfahrbar.

b. Eros als Lebenstrieb und psychische Energie

Die Entstellung und Verzerrung, die Eros erfahren hat, ist auch auf die immer wieder anzutreffende Gleichsetzung von Libido und Eros zurückzuführen. Libido wird oft im selben Atemzug mit Sexualität und Lust genannt. Das geht meiner Ansicht nach vor allem — wenn auch zumindest z. T. zu Unrecht — auf Sigmund Freud zurück. Freud versteht unter Libido eine ganz bestimmte sexuelle Kraft, die sich nicht nur in sexuell-genitalen Beziehungen, sondern auch in zärtlichen und freundschaftlichen Regungen manifestiert, für die wir üblicherweise den Begriff Liebe gebrauchen.

Der Begriff Eros taucht in den Schriften von Sigmund Freud zunächst überhaupt nicht auf. Erst der spätere Freud gebraucht den Begriff Eros, um damit etwas zu bezeichnen, das sich gerade von der Libido unterscheidet, ja ihr sozusagen entgegengesetzt ist. Freud kommt zur Erkenntnis, daß die vollbefriedigte Libido über den Todestrieb zur Selbstdestruktion führt. Er führt also den Eros, den Geist des Lebens ein, um die Sexualität und Libido vor der Auslöschung zu retten.

Rollo May (1969, 86) meint dazu: „Eros wird gleichsam als der Gegensatz zu Thanatos, dem Todesinstinkt, eingeführt. Eros kämpft für das Leben gegen die Todestendenzen. Eros ist „verbindend und bindend, das Aufbauende und Blendende, das Anwachsen von Spannung in uns." Eros führt „frische Spannung" ein, schreibt Freud. Dem Eros wird damit ein Charakter gegeben, der nicht nur größer ist als die Libido, sondern in einer signifikanten Weise sich auch von ihr unterscheidet (vgl. auch Erich Fromm, 1978, 60).

Die Vorstellung von Eros als Lebenstrieb, läßt sich, wie ich meine, auch in anderen therapeutischen Konzepten nachweisen. So kennt Carl Gustav Jung den Begriff der *psychischen Energie,* die er als eine Kraft versteht, die nach etwas strebt, die sich nach etwas sehnt, die etwas will. Er verwendet dafür auch den Begriff Libido, jetzt allerdings nicht in dem sexuell gefärbten Sinne wie das Sigmund Freud meint.

Für Roberto Assagioli, den Begründer der Psychosynthesis bedeutet Eros „Liebe im weitesten Sinne; es ist der lebendige, uranfängliche Impuls; es ist die Neigung aus dem Urinstinkt nach Selbsterhaltung, Selbstbehauptung und Fortpflanzung, der sich in den Formen unseliger Impulse und Wünsche manifestiert, sich in den zartesten Gefühlen verfeinert und in die höchsten Bestrebungen vergeistigt wird. Eros ist pulsierendes Leben, treibende Kraft, Wärme, Feuer" (zit. in: Ferrucci, [2]1985, 260).

Aspekte von dem, was ich unter Eros verstehe, finden sich auch bei weiteren Vertretern der Humanistischen Psychologie, etwa bei Abraham Maslow und Carl Rogers. Danach befindet sich der Organismus ständig auf der Suche, will er stets Initiativen ergreifen, hat er immer etwas vor. Das wieder läßt sich zurückführen auf eine zentrale Energiequelle im Menschen. In der Beratung z. B. geht es darum, mit dieser Energiequelle in Berührung zu kommen, um das, was eigentlich angelegt ist, also eigentlich vorhanden ist, zur Entfaltung zu bringen, zur Entfaltung bringen zu lassen.
Eros findet sich meiner Meinung nach auch als entscheidendes Prinzip in der Logotherapie. Danach geht es den Menschen nicht in erster Linie um die Erfüllung der eigenen Triebe und Instinkte, sondern, so Viktor Frankl, um die Verwirklichung von Werten und die Erfüllung von Sinn-Möglichkeiten, die sich in der Welt und nicht zuerst in einem selbst oder in der eigenen Psyche finden.

c. Eros als Spannung und Verlangen nach Sinn

Bei Viktor Frankl taucht auch ein weiteres Kennzeichen von Eros auf: die Aufrechterhaltung von Spannung und Bewegung. Was der Mensch braucht, ist nicht ein spannungsloser Zustand, sondern ein Streben und Sich-Bemühen um etwas, das es wert ist, danach zu verlangen bzw. danach zu tasten. Nach Viktor Frankl dominiert ganz tief im Menschen weder der Wille nach Vergnügen noch der Wille nach Macht, sondern das, was er die Suche nach Sinn nennt, ein tiefsitzendes Streben und Sich-Bemühen um einen höheren und letztendgültigen Sinn des Seins.

Wie wichtig Spannung für kreatives Schaffen sein kann, macht Rollo May (1980, 108f) deutlich: „Wenn ich dabei bin, etwas, das für mich wichtig ist, zu schreiben, dann mache ich die Erfahrung, daß, wenn ich die üblichen fünfundzwanzig Minuten meditiere, bevor ich schrei-

be, mein Universum zu sehr zurechtgemacht, zu sehr in Ordnung ist. Dann weiß ich nicht mehr, was ich schreiben soll. Meine ‚Probleme' sind alle gelöst. Ich fühle mich selig. Das ist keine Frage. Aber ich kann nicht mehr schreiben. Ich ziehe es daher vor, das Chaos auszuhalten, mich ‚der Komplexität und der Perplexität', wie Barron es sagt, zu stellen. Dann werde ich durch dieses Chaos gedungen, Ordnung zu suchen, mit ihm zu kämpfen, bis ich eine tiefere, ihm zugrundeliegende Form zu finden vermag. Ich glaube, daß ich dann mit dem befaßt bin, was MacLeish beschreibt als Kampf mit der Sinnlosigkeit und dem Schweigen der Welt, bis ich sie dazu zwingen kann, etwas zu bedeuten, bis ich das Schweigen zur Antwort bringe und das Nicht-Sein zum Sein. Nach einer Phase des Schreibens am Morgen meditiere ich zu dem Zweck, der der Meditation entspricht – nämlich um Körper und Geist tief zu entspannen."

d. Befreiung des Eros

Im Grunde genommen geht es in der Therapie um die „Befreiung des Eros", um das In-Berührung-Kommen, das Bloß-Legen dieses inneren Kernes und die Entbindung der diesem inneren Kern zukommenden Dynamik und Kraft. Sie muß sich wieder in der ihr angemessenen Weise entfalten können. Dem Eros müssen die Flügel, die ihm durch so viele negative Erfahrungen entweder in der Kindheit oder auch im späteren Leben durch bestimmte Lebensstrukturen gestutzt worden sind, zurückgegeben werden.
Andere mögen diese Quelle des Eros das Selbst nennen, das vor allem auch dadurch charakterisiert ist, daß es etwas ist, das „von mir" kommt, etwas in dem ich zutiefst ich selbst bin und natürlich etwas, das sich jetzt nicht damit begnügt als eine statische Größe in mir zu ruhen, sondern in sich jene Unruhe spürt, als das, was es zutiefst in mir ist, in meinem ganzen Leben, in all den Bereichen, die mein Leben ausmachen, zum Ausdruck zu kommen.

Diese Vorstellung von Selbst dürfte auch in etwa der Vorstellung des Selbst im Rahmen des Focusing entsprechen. Hier geht es darum, mit diesem innersten Bereich, dem Selbst, in Berührung zu kommen. Mein Ziel ist es dabei, über den Intellekt hinaus aus dieser Tiefe heraus, mit der ihr eigenen Tendenz zur Ganzheitlichkeit zu neuen Ufern zu stoßen, auf einer tieferen Ebene bisher Nicht-Gespürtes, bisher Nicht-Erlebtes, spürbar und erlebbar zu machen und daraus neue Kraft zu entbinden und verfügbar zu machen für den Heilungsprozeß.
Nach Sokrates wird die menschliche Natur nur sehr schwer einen besseren Helfer finden als Eros. Eros hat in sich den Drang nach Heilung und Gesundheit. Er ist die psychische Energie, die uns antreibt, der es darum geht, daß wir wachsen, uns ausstrecken, Bindungen, Verknüpfungen mit anderen und anderem herstellen; daß wir uns nicht mit dem zufriedengeben, was da ist, sondern uns aufmachen in der Suche nach dem Schönen und Schönerem, der Wahrheit. Eros ist, so erfahren wir in Platons Symposium, der Gott, der den kreativen Geist des Menschen schafft. Eros ist das Drängen in uns, das uns nach Vereinigung mit einer anderen Person in sexueller oder anderer Form von Liebe verlangen läßt. Eros weckt in uns die Sehnsucht nach Wissen, läßt uns leidenschaftlich die Vereinigung mit der Wahrheit suchen. Er ist das Verlangen nach Ganzheit, nach Sinn, nach Integration.

e. *„Unruhig ist unser Herz, bis es ruhet in Dir"*

Was hier aus einer psychotherapeutischen und philosophischen Sicht über Eros gesagt wurde, findet sich entsprechend im spirituellen Bereich.

Viel davon spüre ich z. B. in folgendem Gebet des hl. Augustinus: „Herr, mein Gott, meine einzige Hoffnung, erhöre mich, daß ich nicht matt werde, Dich zu suchen, daß ich immer mit Inbrunst suche Dein Antlitz! Du gibst Kraft zu suchen, der Du Dich finden läßt und steigende Hoffnung gibst zu finden! Von Dir ist meine Kraft und meine Unkraft: erhalte jene, diese heile!"

Ganz deutlich wird die dem Eros eigene Spannung in folgenden Worten des hl. Augustinus zum Ausdruck gebracht: „Denn Du hast uns zu Dir hin geschaffen, o Gott, und unruhig ist unser Herz, bis es ruhet in Dir."

Hier wird die ganze Macht und Stärke dieser Sehnsucht nach Gott, die vom Eros kommt, deutlich. Weiter kommt hier klar zum Ausdruck, daß der Eros nicht nur auf Harmonie aus ist, sondern daß er ständig in Spannung sich befindet und Spannung bringt, Unruhe, jene Unruhe, die uns in unserem Streben und Bemühen, uns mit Gott zu vereinigen, nicht müde werden läßt, bzw. auch dann, wenn wir müde sind, uns nicht aufgeben läßt.

Bei Thomas von Aquin hat das Gemüt (lat.: mens) die Eigenschaften des Eros. Es besagt bei ihm „eine lebendige Anlage auf das Wahre und Gute, eine Fähigkeit des ‚Mit-Sich-Vereinigens' des Wahren und Guten" (Spies, 1929, 82). Es ist das schauende, strebende und genießende Vermögen des Menschen. Es kommt nie zur Ruhe. „Sein tiefster Zug ist ein ständiges ‚Fortschreitenwollen' im Erkennen und Lieben des Wirklichen, denn es ist Anlage auf das Ganze" (82). Für Thomas ist das Gemüt das Tiefste in der menschlichen Seele, dem es verlangt, das es hinzieht zum Unendlichen und erst dort gestillt werden kann.

f. Eros verlangt es nach Intimität und Wahrheit

Eros ist nicht gleichzusetzen mit dem Trieb und dem Verlangen nach sexueller, orgiastischer Erfüllung an sich. Ihn verlangt es *auch* nach sexueller Vereinigung, doch nicht nach sexueller Vereinigung an sich. Ihn verlangt es nach Intimität, tiefer Begegnung, die anhält und tragend ist, und solange die sexuelle Begegnung, die sexuelle Intimität diesen tiefen Kontakt fördert, sie Ausdruck dieser währenden Intimität ist, will er auch diese sexuelle Begegnung. Ja er benutzt die sexuelle Begegnung, um seinem Streben nach Vertiefung, nach Intimität zum Durchbruch zu verhelfen. Er versprüht in der sexuellen Begegnung seine Sinnlichkeit. Er öffnet, wenn die Beteiligten es zulassen, die Schleusen des Herzens und der Seele und macht so das Zusammensein zu einem Fest der Gefühle.

Wird der Eros aber in der sexuellen Begegnung ausgespart, dann fehlen auch die Intimität und die sie erfahrbar machenden Gefühle. Was dann übrig bleibt, hat viel mit Sex, mit mechanischem Sex oder auch Lust, vielleicht auch mit Libido zu tun, nicht aber mit Eros und Intimität.

Versucht man hier wieder einen Zusammenhang zur Intimität herzustellen, dann ist deutlich geworden, daß der Eros im Innern wohnt, es ihm darum geht, das Innere nach außen zu bringen und das Innere von Menschen zusammenzubringen, zu vereinigen. Eros geht es um die Ausdehnung und Verbreitung von Intimität. Es geht ihm darum, immer mehr das Innere nach außen zu bringen, das Harte aufzulockern, das Dunkle aufleuchten zu lassen. Eros will Buntheit bringen, in das, was „Grau in Grau" ist. Er will Sinnlichkeit verbreiten, wo Sterilität herrscht. Eros will aber auch Sinn bringen, wo angeblich Sinnlosigkeit ist. Eros macht sich auf die Suche nach Gott und findet ihn, wo Unglauben, Institutionen, Rechthaberei den Weg zu ihm versperren. Eros führt schließlich zur Wahrheit, nicht jene Wahrheit, die sich in Worten und Begriffen fassen läßt, sondern jener Wahrheit, die zutiefst erkennbar und erfahrbar zugleich ist, die ins Schwarze trifft, ohne daß man es nachweisen und aufrechnen kann.

Eros ist breiter und tiefer angelegt als Sexualität und Lust. Mir ist es wichtig, das herauszustellen, weil ich immer wieder erlebe, daß dem

Eros die Flügel gestutzt werden, daß dieser Eros, der unser Leben schöner, sinnvoller und runder macht, aus dem Leben vertrieben wird, in der irrigen Annahme, daß Eros gleich Sexualität, gar gelebte Sexualität sei oder aber — etwa im Falle des zölibatär lebenden Menschen — daß man nur dann auf gelebte Sexualität verzichten kann, wenn man den Eros auf Sparflamme hält, wenn die in ihm liegende Kraft und Tendenz nach Vereinigung gebremst, gezügelt, unterdrückt wird. Das geht dann vor allem auf Kosten der Gefühle, deren sich unter anderem Eros bedient, um seine Sehnsucht, seinem Streben nach mehr, nach dem Schöneren, vor allem aber auch nach Vereinigung und Verbindung und Verknüpfung Ausdruck zu verleihen, Gestalt zu geben. Dabei ist doch Eros, so Karl Rahner, „eine tiefgreifende Offenheit der menschlichen Person und das innerste Verlangen, das den Menschen fähig macht, die unverdiente Liebe Gottes festlich zu empfangen" (Zit. in: Praktisches Lexikon der Spiritualität, 1988, 334).

IV. KAPITEL

1. Intimität und Sexualität

> „Das sexuelle Zusammensein ist die höchste Form von Intimität, die an Fülle und Reichtum nicht zu überbieten ist, die für zwei Menschen in einer Begegnung möglich ist."
> *Rollo May*

a. Die intimste Begegnung

„Das Verschmelzen der beiden Körper im Geschlechtsverkehr ist, physiologisch gesehen, die intimste Begegnung, die für den Menschen möglich ist. Es ist die Vereinigung unserer empfindsamsten Teile mit einer Intimität, die größer ist als die Vereinigung mit jedem anderen Teil unseres Körpers. Das körperliche sexuelle Zusammensein ist die weitestgehende Weise, auf die wir Teil des jeweils anderen werden; das Herzklopfen und Pulsschlagen des anderen werden wie das Klopfen des eigenen Herzens und das Schlagen des eigenen Pulses empfunden" (May, 1981, 152).
Rollo May weist hier auf die *physische* Intimität hin, die allein mit der körperlichen sexuellen Vereinigung von Mann und Frau gegeben ist, unabhängig davon, ob diese Verbindung zusammenfällt mit einer personalen Intimität, die dann gegeben ist, wenn die Sexualpartner auch emotional und seelisch miteinander verbunden sind. Diese physische Intimität aber bleibt, gerade da sie Menschen körperlich so nahe bringt, in der Regel nicht ohne Auswirkungen auf die Psyche und Seele der Partner. Dafür sind Körper, Psyche und Seele zu sehr miteinander verwoben. Die physische Vereini-

gung greift über auf die Psyche und transzendiert, zumindest für den Moment des Zusammenseins, die physische Intimität in etwas, das das rein körperliche Tun und die körperliche Nähe überbietet und übersteigt.

So kann im Augenblick des sexuellen Zusammenseins die Prostituierte zum ersehnten Gegenüber werden, auf die hin alle Wünsche und Sehnsüchte nach Nähe, Intimität und Vereinigung sich hinzentrieren. Sie wird dann mit den gleichen Worten der Zärtlichkeit überhäuft, die sonst nur dem geliebten Partner gegenüber im Moment des Gleichklanges ausgesprochen werden. Das gilt auch für Begegnungen, die nicht zu einer Vereinigung führen, etwa die gegenseitige Masturbation homosexueller Männer oder lesbischer Frauen. Im Moment der höchsten sinnlichen Erfahrung entsteht zumindest für diesen Zeitpunkt und einige Zeit danach, auch *emotionale* Intimität, gerade weil dieser „Vorgang" nicht außen bleiben kann, sondern über die Sinne vertieft, „verinnerlicht", innerlich erfahrbar wird und dann auch die Psyche zumindest berührt. Selbst in der anscheinend emotionslosen unverbindlichen sexuellen Begegnung kann so Intimität, auch emotionale Intimität vorhanden sein.

b. Die Macht des Eros

Die in der körperlichen sexuellen Vereinigung von Mann und Frau gegebene „Intimität" wird nicht entsprechend berücksichtigt, wenn der Eindruck erweckt wird, als gebe es so etwas wie ein von jeder Intimität befreites körperliches sexuelles Zusammensein, als lasse sich dieses intimste körperliche Zusammensein, das Menschen möglich ist, auf das damit verbundene Entspannungs-, das daraus erwachsende Lusterlebnis reduzieren. Eine solche Einstellung ignoriert nicht nur den Sinn der Sexualität, sie ignoriert auch die Macht des Eros.

"Recreational sex" nennen manche sexuelle Begegnungen, die dem Freizeitvergnügen und der Entspannung dienen: ein Besuch im Bordell, die Sexmassage im Massagesalon, ein Treffen im Darkroom der Sauna oder Bar. Es ist gerade die Anonymität solcher Plätze, die sie offensichtlich so attraktiv machen. Diejenigen, die dorthin gehen, wollen in der Regel keine ganzheitliche Intimität. Sie wollen sich einfach sexuell entspannen ohne viel oder überhaupt emotionales Engagement. Darunter mögen sich z. B. verheiratete Männer oder Männer mit festen Partnerschaften befinden, die sich grundsätzlich in ihrer Beziehung wohlfühlen, im sexuellen Bereich aber glauben, nicht auf ihre Kosten zu kommen. Andere wieder, die ohne feste Beziehung sind, erwarten von diesen sexuellen Beziehungen z. T. eine Intimität, auch emotionale, die allein von den Umständen her nicht möglich ist. Vorübergehende sexuelle Beziehungen, die in einem Rahmen gepflegt werden können, der mehr Intimität zuläßt, wo die Partner sich kennen und auch über das sexuelle Zusammensein hinaus miteinander etwas unternehmen, geben der durch die sexuelle Erfahrung entbundenen Kraft nach Intimität mehr Raum. Anonyme sexuelle Begegnungen dagegen amputieren allein vom Setting und den Möglichkeiten her Eros und Gefühle. Sexuelle Begegnungen, bei denen ein gewisser Spielraum der Personalisierung gegeben ist, in denen Eros seine Flügel ausschwingen kann, in denen Gefühle nicht abgewürgt werden, bahnen sich den Weg zu einer Intimität, die es nicht zu unterschätzen gilt, vor allem auch, wenn man glaubt, hier eine „Freizeitbeziehung" auf einem Niveau halten zu können, die nicht in Konkurrenz tritt zu einer anderen Intimitäts-Beziehung, die einem wichtig ist, und die man nicht verlieren will. Die Macht sexueller Intimität, die sich entfalten kann, ist oft stärker als Wille, Vernunft und sorgfältige Arrangements, mit denen man — so hoffen manche — alles in die entsprechenden Bahnen lenken, gar kontrollieren kann. Die anscheinend harmlose Affäre mit der Tennispartnerin, die Freundin, mit der man zweimal im Monat ein paar schöne Stunden verbringt, die Sekretärin oder Mitarbeiterin, die heimlich Geliebte sind — alle diese Beziehungen kön-

nen eine Dynamik entwickeln, die sehr schnell den eigentlich gewünschten Rahmen, einschließlich dem der Intimität, sprengt und sich gebieterisch zum Wegbereiter und Vollstrecker der ihr zugrundeliegenden Bedürfnisse und Wünsche macht.

Auf diesem Hintergrund wird z. B. auch die Methode von Masters und Johnson problematisch, mit der in einer Laborsituation aus der Weite und Tiefe dessen, was Sexualität ausmacht, eine sog. „körperliche, physiologische", auf die Genitalzone beschränkte Sexualität herausgestanzt wird (vgl. Wyss, 1979, 56). Was hier von der Sexualität übrig bleibt, ist eine Rumpf-Sexualität, entkleidet der Sinnlichkeit, „über die der andere ‚intim' ausgekostet, erschmeckt, ertastet wird" (57).

c. Ganzheitliche Intimität in der sexuellen Begegnung

Intimität, körperliche und emotionale, kann sich dann ausbreiten, wenn zwei Menschen ihre Körper und das, was in ihnen ist, ihre Gefühle, ihre Gedanken, ihre Fantasien, ihre Träume, ihre Hoffnungen und Ängste miteinander teilen. Körperliche Nähe und Intimität treffen dann auf eine psychische Nähe und Intimität und umgekehrt. Jetzt sind auch die Herzen der beiden füreinander geöffnet, werden nicht, wie das bei der anonymen sexuellen Begegnung der Fall sein mag, ob gewollt oder nicht, einfach aufgerissen, um sich schnell wieder zu verschließen. Körperliche, sinnenhafte und emotionale Erfahrung fallen zusammen, bereichern und vertiefen sich gegenseitig. Leibhafte Nähe, erfahrbar durch die Sinne, wird aufgegriffen und damit zugleich vertieft, verdichtet, erhöht und verschönt durch die Gefühle, die sich jetzt ergießen dürfen, ja willkommen und gewünscht sind. Das ist ganzheitliche Intimität. Äußere und innere Innerlichkeit. Äußerlich und innerlich in die Tiefe gehende Verbundenheit.

Wer mit seinem spirituellen Bereich in Berührung ist, wer auch diese Seite in sich mit dem anderen teilt, der mag in solchen Augenblicken auch Erfahrungen zulassen und erleben, die noch tiefer gehen, die Seele berühren und öffnen, so daß auch sie mit einstimmen kann, sich ausgießen kann in dieses leibhafte, sinnenhafte, gefühlvolle Geschehen. Jetzt ist eine kaum mehr zu überbietende Intimität erreicht, die das geheimnisvolle Intimum berührt und einschließt, das Innerste erahnen und — wenigstens bruchstückhaft — erfahren läßt.

David Mace, einer der Pioniere der Marriage-Encounter-Bewegung, berichtet von Ehepaaren, die vor dem sexuellen Zusammensein beten: „Laß uns, o Gott, dankbar sein für das, was wir jetzt empfangen werden." Nach Evgeny Lampert (1943, 97f) wächst der Mensch mit der sexuellen Erfahrung in das Geheimnis von Gottes Menschsein hinein: „Es ist das Geheimnis einer plötzlichen Vermischung und Vereinigung in ein einziges ununterscheidbares Sein von Fleisch und Geist, von Himmel und Erde, von menschlicher und göttlicher Liebe. Der göttliche Geist berührt menschliches Fleisch... im brennenden Moment der erotischen Ekstase. Wir sind Zeuge eines wirklichen Sakramentes: der Geist Gottes dringt in das kosmische Element ein, ohne dabei aufzuhören Geist zu sein, das Fleisch aber geht über in die Transzendenz des Geistes, ohne aufzuhören Fleisch zu sein."

Auch die sexuelle Begegnung zweier Menschen, die sich nicht lieben, die sich nichts oder nur wenig bedeuten, die nur im sexuellen genitalen Zusammensein miteinander verbunden sind, kann, wie gesagt, für Augenblicke Intimität entwickeln, die über die leibliche Nähe hinausgreift und die Psyche miteinbezieht. Eine Leib, Herz und Seele ergreifende Intimität kann in der sexuellen Begegnung aber erst dann erzeugt, erfahren und gekostet werden, wenn zuvor bereits eine intime Verbindung besteht. Das sich totale Öffnen in der sexuellen Begegnung ist dann erst authentisch intim, wenn es eingebettet ist in eine bereits vorhandene Intimität, es aus ihr heraus entsteht, eine Vertiefung von ihr darstellt. Jede sexuelle Begegnung ist dann eine zusätzliche Erfahrung, die es jetzt möglich macht, mit der anderen noch vertrauter zu werden, sie auf einer tieferen Ebene im Sinne von „jadah" kennenzulernen. Was die Begegnung zu einer wirklich intimen Begegnung macht, ist nicht die äußere Nähe, es ist die innere gegenseitige Umfassung, die sich konkretisiert in der Sorge füreinander, der Offenheit miteinander und einer tieferlebten inneren Verbundenheit. Ja, die andere Person ist ganz tief in mir angenommen, sie hat in meinem Inneren einen Platz, ich bin ihr in Innigkeit verbunden. Diese Intimität ist keine Sache von Sekunden und Minuten. Sie *ist*. Sie ist mal stärker, mal näher sichtbar und spürbar. Aber sie *ist da*. Beständig. Als solche aber ist sie auch verbindlich.

In der sexuellen Begegnung bringt sich dann die tief im Menschen angelegte Sehnsucht nach Beziehung, Annahme, Bestärkung und Intimität zum Ausdruck und wird so, wie es Rollo May einmal nennt, zum Sakrament der Intimität. Es ist auch nicht von ungefähr, daß diese Gipfelerfahrung von Intimität die Möglichkeit der Menschwerdung in sich trägt.

2. Intimität und Spiritualität

> „Wenn uns die Augen geöffnet werden, dann nicht nur, damit wir die Allmacht und Majestät des „jenseitigen" Gottes, des Königs und Herrschers des Alls bewundern (was er in Wahrheit ist). Wir erwachen darüber hinaus zu einer innigeren und wunderbareren Wahrnehmung, durch die wir Gott als unmittelbare persönliche Gegenwart in unserem eigenen Sein erfahren."
>
> *Thomas Merton*

a. Leidenschaftliche Intimität mit Gott

„Ich vermag meine Liebe nicht zu bemessen, ob sie genügt, ob ihr nichts fehlt — nichts fehlt, damit aufgehe mein Leben in Vereinigung mit Dir und nichts mehr sich abwende, bis daß ich ganz geborgen, verborgen bin in der Heimlichkeit Deines Antlitzes. Das eine weiß ich: daß ich unglücklich bin, wenn ich Dich nicht habe — unglücklich nicht nur nach außen, sondern zutiefst in mir selbst, und daß jeder Reichtum, den Du nicht gibst, mir Armut bedeutet."

In diesen Worten des hl. Augustinus spüre ich eine Inbrunst, eine Intimität in der Beziehung zu Gott, die mich zutiefst anspricht und berührt. Diese Worte helfen mir, erleichtern und erlauben es mir, die ganze Leidenschaft meiner Liebe auf Gott auszurichten, diese Leidenschaft zuzulassen bis hin zur Vereinigung mit ihm. Diese Worte sind für mich auch Chiffren, sie sind Ausdruck jener Regungen, Sehnsüchte und Strebungen hin zu Gott, die ich tief in mir verspüre und die es drängt, zugelassen zu werden, die hinströmen möchten zu Gott, meinem Gott, um sich mit ihm zu vereinigen. Aus den Worten des Augustinus spricht auch die Leidenschaft des Eros, der in dieser Beziehung zu Gott seine Flügel weit ausbreiten kann, der hier viel Platz hat, um seine Freude und seine Farben zu versprühen. Hier vermag sich Wärme auszubreiten, die wohltut. Hier ist Leben.

Aus den Worten des hl. Augustinus spüre ich: Hier schreibt und betet jemand, der mit seiner Leidenschaft in Berührung ist, sie zuläßt, sie nicht unterdrückt. Augustinus hatte einen langen, schweren Weg zu gehen, bis es ihm gelang, seine Leidenschaft so gezielt und klar auf Gott auszurichten. Nicht jeder wird diese Höchstform an Intimität mit Gott nachvollziehen können oder als Maßstab für sich erachten. Einem anderen mag sie als zu einseitig erscheinen. Für mich ist die Intimität zu Gott, die in den Worten des hl. Augustinus zum Ausdruck kommt, ein einzigartiges Beispiel gelungener kosmischer Empathie. Weil Augustinus mit seiner Leidenschaft in Berührung ist und sie zugelassen hat, weil seine Leidenschaft in der Beziehung zu anderen nicht ausgespart wurde, vielmehr gelebt werden durfte und darf, hat diese Leidenschaft auch ihren Weg zu Gott gefunden. Damit will ich nicht sagen, daß jeder die gleichen Erfahrungen wie Augustinus — bis hin zu sexuellen Beziehungen — machen muß, um jene leidenschaftliche Intimität mit Gott zu erfahren. Ich will damit nur sagen, daß die Liebe der Leidenschaft bedarf, ob das nun die Liebe zum Nächsten oder die Liebe zu Gott ist, will sie wirklich Liebe *sein* und nicht nur ein Wort, eine Floskel. Nehme ich ihr die Leidenschaft und damit auch den Eros und die Intimität, dann nehme ich ihr ihre Dynamik und den Raum, in dem sie sich ausbreiten, in dem sie leuchten, Wärme verbreiten, brennen kann. Sie wird dann genauso reglementiert und zurechtgestutzt wie so vieles, mit dem Ergebnis, daß sie wirkungslos, fad und schal wird.

Verbanne ich aus der Beziehung zu Gott Eros, dann kann eintreffen, was Friedrich Heer (in: Szczesny, 1965, 17) wie folgt treffend beschreibt: „Wir alle kennen aus der Geschichte und unserer Umgebung, Christen des Schlages, die nicht erotisch, sondern neurotisch wirken, Menschen, die die Liebe nicht wagen, die Liebe Gottes und die Liebe des Nächsten... Der Christ wird durch diese Kümmerform und Sonderform weder in seiner wesenhaften Struktur noch in der Fülle seiner geschichtlichen Erscheinungsform erfaßt."

Es kann im Leben z. B. des zölibatär lebenden Menschen nicht darum gehen, die Leidenschaft zu unterdrücken. Wer das tut, macht sich zum Krüppel. Es geht darum, die Leidenschaft so auszurichten, daß sie in den gewählten „Lebensrahmen" paßt. Das geschieht nicht durch Zwang. Es bedarf der Zeit, der Einübung und auch der Disziplin. Es kommt zu einem Wechselspiel zwischen dem Lebensrahmen und den Leidenschaften. Manchmal muß der Rahmen neu ausgerichtet werden, da er zu eng oder zu weit gespannt wurde. Dann wieder müssen die Leidenschaften etwas zurückgenommen, anders gerichtet werden. Dabei kann es auch zu Überschreitungen und Fehlschritten kommen. Das ist nie auszuschließen. Um solche Überschreitungen und Fehlschritte zu vermeiden, kann die Lösung jedenfalls nicht darin bestehen, alles zu vermeiden und zu unterdrücken, was mich überhaupt mit meiner Leidenschaft in Berührung bringt. Kontrolle über die Leidenschaften bleibt unvollkommen, wenn das mit Gewalt geschieht und zu einer sterilen Aktivität führt (vgl. Plé 1970, 39).

b. „Nur zu Gott hin wird stille meine Seele"

Ich erinnere mich an eine Zeit in meinem Leben, in der ich in größter seelischer Not war. Aufgewühlt und verunsichert, verwundet und innerlich blutend, faßte ich den Entschluß, für einige Tage in die Abtei Münsterschwarzach zu gehen, um dort in der Abgeschiedenheit und im Gebet mit den Mönchen mir Zeit zu lassen, meine Wunden zu pflegen und tiefer als mir das anderswo möglich erschien, im Gespräch mit Gott all das zur Sprache zu bringen, vor Ihn hinzutragen und soweit möglich, all das, was mich bewegte und aufwühlte, von Ihm her zu sehen und zu deuten. In dieser Situation hörte ich eines Abends in der Komplet das Psalmwort: „Nur zu Gott hin wird stille meine Seele, von ihm allein kommt mir Hilfe." Ich vermag nicht annähernd zu beschreiben, wie tief mich dieses Wort getroffen und innerlich berührt, wirklich berührt hat. Ich merke nur, daß ich seitdem immer wieder diesen Satz spreche oder singe und ich dann recht schnell eine tiefe Beziehung zu Gott herstellen kann bzw. in Berührung komme mit einem Streben und Verlangen in mir, das auf Gott ausgerichtet ist. Ich spüre dann, wie mein Inneres sich in einer wohltuenden Weise zusammenzieht, gleichsam zu einem Strom wird, der sich hinbewegt zu Gott. Ich lasse diesen warmen Strom dann einfach fließen, sich aus-

breiten — in mir und aus mir hin zu Gott hinströmen. Ich kenne auch Momente, wo ich, ohne diesen Satz zu sprechen, in mir das Verlangen spüre, diesen inneren Strom auf Gott hin auszugießen, wo es mich einfach danach drängt, das zuzulassen, das fließen zu lassen, mich davon erfüllen zu lassen.

c. Im innersten Heiligtum der Seele

In seinem Werk „Die Philosophie des Gemütes" setzt sich Eberhard Spies (1929) mit dem Begriff „Gemüt" auseinander, wie ihn Thomas von Aquin gebraucht hat. In seiner Darstellung über das Gemüt kann ich meine eigenen Erfahrungen gut wiederentdecken. Gemüt, so Eberhard Spies, wird bei Thomas verstanden als ein „geistig Tiefes", das gekennzeichnet ist durch eine Haltung, die auf das Erfassen des Ganzen aus ist, die der Vernunft und dem Willen nicht zukommt. Es ist ihm das eigen, von dem Friedrich Schiller sagt: „Und was kein Verstand des Verständigen sieht, das übet in Einfalt ein kindlich Gemüt." Ein weiteres Kennzeichen des Gemütes ist u. a. die Hingabe, das Liebhaben. Das ist das Kerngefühl. Hier, im Gemüt, ist diese tiefere Gemeinschaft zwischen Person und Person möglich (und nicht auf der Ebene der Vernunft und des Willens). Er zitiert Nicolai Hartmann (1926), der sagt: „Persönliche Liebe bindet unmittelbar innerste Tiefe an innerste Tiefe und zwar mit Überspringung der Oberfläche."
Es ist das Tiefe, Warme, das Sonnige im Wesen eines Menschen, das, so Eberhard Spies, als gemütvoll bezeichnet wird. Als das vielleicht Tiefste im Gemütvollen gilt, daß es naturhaft alles Wahre, Gute, Schöne und Edle, innerlich, intuitiv erschaut. Ihm liegt auch ein Zug zum Unendlichen zugrunde. Es ist eine naturhafte Unruhe zum Unendlichen hin. Diese Charakterisierung des Gemütes erinnert an den Begriff „nefesch" im Alten Testament. Er steht für Herz; den Sitz der inneren Empfindungen, Affekte und Regungen;

für Liebe, Sehnsucht, Freude; für die andächtige Erhebung zu Gott, vor dem ich meine Seele ausschütte.

Was immer dieses Gemüt wirklich ist — es sucht sich durch sein Drängen und Sehnen zu Gott im Leben zur Entfaltung zu bringen. Es ist die Unruhe des Herzens, von der schon Augustinus sagt, daß sie erst in Gott zur Ruhe kommt. Da die völlige Vereinigung mit Gott nur vorübergehend möglich ist, stellt sich diese Unruhe, dieses Verlangen nach Gott immer wieder erneut ein, bis im Tod diese Spannung, diese Unruhe endgültig aufgelöst wird. Dann hat sie ihren Reiz verloren. Die Unruhe ist übergegangen in die ewige Ruhe, der Vereinigung mit Gott, die unvorstellbar und unfaßbar bleibt und in Gedanken daran ein inneres Erschauern auslösen mag, da die Vorstellung so sehr nach Tod schmeckt und noch nicht die saftige, lebendige und frohe Empfindung darüber verkostet wird, noch nicht verkostet werden kann. Zu sehr ist unser Blick, was richtig und wichtig ist, ins Diesseits, in das Leben in diesem Diesseits gerichtet.

Und doch — durch das Gemüt, jenem so tiefen oder gar tiefsten Bereich in uns, können wir Gott jetzt schon begegnen, begegnet er uns. Gott teilt sich, so die Auffassung von Thomas von Aquin und vieler Mystiker, an das menschliche Gemüt mit. Hier geschieht das Tiefste und Intimste, was zwischen Gott und den Menschen jetzt schon an Kontakt, Berührung, Vereinigung möglich ist. Hier kann ich mein Herz vor Gott, meinem Gott ausschütten, meine Gefühle einfach zulassen. Hier kann intime Freundschaft mit Gott gedeihen. „Im innersten Heiligtum der Seele wird mit großer Seligkeit und Süßigkeit diese Gottesgegenwart wahrgenommen und alle Kräfte der Seele kehren in sich, in dieses innerste Heiligtum der Seele (Gemüt), wo die übernatürliche Gegenwart Gottes sich kundgibt" (Grabmann 1923, 37). Gott kann hier erlebt und gekostet werden. Die heilsame Unruhe schlägt jetzt um in Freude, Erfüllung und Zufriedenheit, bis sie wieder aufbricht, um mich neu zu Gott hinzutreiben, mich erneut mit ihm zu vereinigen.

d. Die Verknüpfung von kosmischer und mitmenschlicher Empathie

Ich kann ganz aufgehen in meiner Beziehung zu Gott, ja ich kann mich in sie hineinsteigern, so sehr, daß ich aufgehe in dem inneren Jubel, einstimme in einem inneren Taumel, einem Überquellen und gänzlich Sich-ergeben und Aufgehen in Gott. Solche Momente und Erfahrungen, Gipfelerfahrungen, gibt es, und sie können sehr wichtig sein, um aus mir herauszutreten und mich einem anderem, Ihm zu übergeben.

Doch dann ist es auch immer wieder wichtig — und es geht auch eigentlich gar nicht anders —, daß ich diese Erfahrungen unterbreche, daß sie unterbrochen, gebrochen werden durch meine eigenen Grenzen und die Grenzen, die ich durch meine nähere und weitere Umgebung erfahre. Diese Unterbrechungen mögen stören, und ich mag sie als unangenehm erfahren, — und doch sie sind notwendig, denn meine kosmische Empathie, mit der ich Gott und die Welt umarmen möchte, muß immer wieder unterbrochen und gegebenenfalls auch aufgebrochen werden durch meine mitmenschliche Empathie. Losgelöst von ihr würde meine kosmische Empathie ein „Wolkenkuckucksdasein" führen, wäre sie letztlich ohne Verbindungen und ohne echte Wirkung. Das kann ich verhindern, wenn meine Intimität mit Gott immer wieder aufgebrochen und in Intimität mit anderen übergeführt wird.

Manche Formen von Spiritualität scheinen mir zu sehr und zu einseitig auf die kosmische Empathie ausgerichtet zu sein. Menschen, die sich allein darauf ausrichten, erlebe ich vielfach als oberflächlich und unverbindlich, als abgehoben und realitätsfremd, vor allem aber spüre ich, daß in unserer Begegnung selbst so wenig von dem einfließt, von dem zu spüren ist, was sie mir über ihre spirituellen Erfahrungen zu vermitteln versuchen. Ja, ich erlebe sie z. T. geradezu als Personen, die beziehungsunfähig sind, denen z. B. die Wachheit für das, was zwi-

schen uns passiert, abgeht. Sie sind in der Lage, einen totzureden oder auch totzupredigen mit dem, was sie als Spiritualität verstehen und erfahren.

Unter ihnen gibt es auch Männer und Frauen, die in einer Weise von Liebe und Intimität sprechen, daß man zunächst den Eindruck hat, die wissen es, die haben es gefunden, die leben und erfahren das. Doch schaut man in ihr wirkliches Leben, dann ist es oft allenfalls ein Schrei nach Liebe und Intimität. Liebe und Intimität jedenfalls sind nicht in ihr Leben eingekehrt, haben dort nicht Wohnung genommen. Ihre Liebe und Intimität ist irgendwie oben, eine Art Luftschloß — jedenfalls weit weg. Doch sie können sich wieder und wieder in dieses Thema hineinsteigen, alles genau beschreiben und ausmachen. Je weiter sie weg sind von der Wirklichkeit, desto lauter sprechen sie davon, desto kräftiger malen sie es aus. Sie erinnern mich zuweilen an die Geschichte von Søren Kierkegaard, in der von einem Professor die Rede ist, der, seinen, die Stunde erhebenden Worten nach zu schließen, in einem Schloß leben müßte. Schaut man aber in sein wirkliches Leben, erinnert sein Zuhause eher an eine Hundehütte.

Solange alles weit weg ist, kann es auch unkonkret bleiben, solange ich nicht selber Hand anlegen muß, schwitzen muß, mir die Hände schmutzig machen muß — kann ich mir fast alles ausdenken und die schönsten Worte darüber verlieren. Diese ersterben mir erst dann im Munde, sie gehen mir erst dann aus, wenn ich die „Sache" herunterhole, erde, inkarniere.

Die Pflege der eigenen Spiritualität, des Bereiches in mir, in dem ich mit dem, was über mich hinausführt, Kontakt aufnehme, von dem aus ich in eine persönliche Beziehung zu Gott trete, kann nicht nur ein rein inneres Tun sein und bleiben. Es bedarf der Auseinandersetzung und Korrektur von außen, der Umwelt und der Mitmenschen. Dieser innere, intime Bereich muß in ständigem Austausch mit dem Außen, der Umwelt, den zwischenmenschlichen Beziehungen stehen. Innerer Bereich und äußeres Geschehen, die intime Beziehung zu Gott und die intimen zwischenmenschlichen Beziehungen müssen miteinander verknüpft sein. Die Gestaltung und Formung der intimen Beziehung zu Gott kann nicht an den menschlichen Erfahrungen vorbei gepflegt werden. Sie muß vielmehr von dort her immer wieder mitbeeinflußt und durchdrungen werden, will sie wirklich nicht nur von oben, sondern auch von unten her getragen sein, soll durch sie Gottes Wirken Wirklichkeit werden.

V. KAPITEL

1. Intimität im Leben zölibatär lebender Männer und Frauen

> „Sicher sollte für den gottgeweihten Mann oder die gottgeweihte Frau der Ort der Ruhe das Gebet sein, lange Augenblicke des inneren Einswerdens mit Jesus — aber um dieses Gebet wirklich zu leben, braucht man eine Gemeinschaft mit Geborgenheit und Zärtlichkeit."
>
> *Jean Vanier*

a. Der Mensch braucht ein Zuhause, wo er leben kann

Auf die Bedeutung von Intimität im Leben von Priestern und zölibatär lebenden Menschen weist Henri Nouwen (1969, 118f) hin, wenn er sagt:

„Sehr oft hat er sein privates Leben verloren, wo er mit sich selbst sein kann. Ihm fehlt eine Hierarchie von Beziehungen, die seine Schwelle hüten... Da er in seinem eigenen Hause kein intimes Zuhause vorfindet, schweift er durch die Pfarrei, um Menschen zu finden, die ihm das Gefühl der Zugehörigkeit vermitteln und das Gefühl des Zuhauseseins... Wenn er nicht eine persönliche Form von Intimität gefunden hat, wo er glücklich sein kann, werden die Pfarrangehörigen zu Objekten seiner Bedürfnisse. Er verbringt sehr viele Stunden mit ihnen, mehr um seine eigenen Bedürfnisse denn die der anderen zu befriedigen".

Die Bedeutung der Erfahrung von Geborgenheit, Zärtlichkeit und eines Zuhauses hebt auch Jean Vanier (o.J., 84) hervor:

"Sicher sollte für den gottgeweihten Mann oder die gottgeweihte Frau der Ort der Ruhe das Gebet sein, lange Augenblicke des inneren Einswerdens mit Jesus — aber um dieses Gebet wirklich zu leben, braucht man eine Gemeinschaft mit Geborgenheit und Zärtlichkeit. Hat man keine Gemeinschaft mit den Brüdern und auch keine Gemeinschaft mit Gott, dann wird sich das Herz verhärten oder vor Angst zerspringen. Denn Körper und Herz haben ihre eigenen Gesetze, die man nicht ungestraft übergehen kann. Der Mensch braucht einfach eine Familie: ein Zuhause, wo er leben kann."

b. Eine Hierarchie von Beziehungen

"Um in der Lage zu sein, ein gesundes Leben in dieser Welt führen zu können... sind", so Henri Nouwen (1969, 117f), *"zwei Dinge notwendig: zunächst, daß ich meine eigene innere Privatheit habe, wo ich mich zurückziehen kann vor der mich herausfordernden Welt; dann ist es wichtig, daß ich eine Hierarchie von Beziehungen etabliere, eben mit dieser Welt. Im inneren Bereich meines Lebens finde ich ihn oder sie, die mir am nächsten sind. In diesem Kreis von Intimität findet sich dann der Kreis der Familie und lieber Freunde. Schließlich kommen dann etwas weiter entfernt Verwandte, Bekannte und noch weiter weg Berufskollegen..."*

D. h. der zölibatär lebende Mensch braucht einen Rahmen, der es ihm gestattet, Intimität zuzulassen und zu erfahren. Er bedarf eines Bereiches in seinem Leben, der ihm die Erfahrung von Intimität ermöglicht und garantiert. Dieser Bereich ist ihm am nächsten. Es ist der Bereich, der sich direkt an ihn anschließt und nicht weit von ihm entfernt schon wieder zu Ende geht. Es ist sozusagen die allererste Schicht, der allererste Kreis, der sich um ihn legt, dem weitere, immer größer werdende und immer weiter von ihm wegführende Kreise folgen.

Dieser innere Kreis, der ihm am nächsten ist, ist eine Art heiliger Raum. Er macht seine Intimsphäre aus. Hier ist sein Zuhause. Es ist ein geschützter Raum, der zunächst niemanden etwas angeht, in dem zunächst niemand anderer etwas verloren hat. Von diesem inneren intimen Bereich aus pflegt er seine Beziehung zu sich selbst, seine Beziehung zu Gott, seine Beziehung zu den Menschen, die ihm am nächsten und liebsten sind und schließlich zu den Männern und Frauen, die ihn in seiner Arbeit und der Erfüllung seines Auftrages begegnen.

In diesem inneren, intimen Bereich erfährt er die Intimität, die Nähe, das Angenommensein und Bestärktsein, die Stütze und Geborgenheit, nach der auch er sich sehnt und auf die er ein Anrecht hat. Hier spürt er: Ich bin nicht allein. Ich bin eingebunden in eine tiefe Beziehung zu Gott und zu Männern und Frauen, die mich wirklich kennen, denen ich etwas bedeute, die mich lieben, und für die ich all das auch aufbringe und empfinde.

c. Beziehung zu sich selbst

Dies ist auch der Raum, in dem der zölibatär lebende Mensch sein Alleinsein am stärksten fühlt. Dieses Alleinsein und die Auseinandersetzung damit teilt er mit verheirateten Männern und Frauen. Er wird wie sie allein geboren und allein sterben, um in der Zeit dazwischen bei allen Verknüpfungen und Verbindungen immer wieder mit der Realität konfrontiert zu werden, letztlich allein zu sein.

Mancher — zölibatär Lebender wie Verheirateter — vermag das nicht auszuhalten oder besser, vermag nicht sich auszuhalten. Er schreit dann nach Intimität, glaubt sie unbedingt zu brauchen, sie erfahren zu müssen, um überleben zu können. Er erwartet von ihr die Überwindung seines Alleinseins. Doch das vermag Intimität nicht. Hier wird Intimität zu einem „Muß", zu etwas, von dem man abhängig ist. Vor allem aber wird sie gebraucht als Ersatz, der einen notwendigen Prozeß behindert.

Die Auseinandersetzung mit sich selbst, das Aushalten seines Alleinseins, kann und soll niemandem vorenthalten werden. Erst das Aushalten und die Annahme des Alleinseins, läßt den eigenen privaten und da auch intimen Raum erfahren, der den Boden für die Verbindungen und Verknüpfungen mit anderen und ihrem — hoffentlich bewußt gewordenen und erfahrenen — intimen „Raum" abgibt. Das ist auch der Boden, auf dem sich die Intimität zu Gott und die zwischenmenschliche Intimität ausbreiten kann.

Ist dieser Boden vorhanden, habe ich, wie es Viktor Frankl nennt, meine „existentielle Privatheit" gefunden, dann bewahrt mich das nicht vor der Erfahrung von Einsamkeit. Nur, diese Erfahrung von Einsamkeit „bringt" mich dann in der Regel nicht „um". Ich habe ja (immerhin) mich. Ich spüre mich. Ich *bin* und ich kann entscheiden, mit wem ich in Kontakt treten will, welche Menschen ich an meinem Leben teilhaben lasse, wen ich näher kennenlernen möchte.

Aus dem Gesagten wird noch einmal deutlich, wie wichtig die Grunderfahrung von Intimität in der frühen Kindheit ist. Fehlt sie, dürfte das den Prozeß der Annahme seiner als ein selbständiges Selbst erheblich beeinträchtigen. Auch mag dann die Sehnsucht nach Intimität mit Gott und nach zwischenmenschlicher Intimität so drängend, so unabdingbar sein, daß sie die Möglichkeiten dieser Intimität weit überfordert. Hat der einzelne aber seinen Boden gefunden, kann er sich jetzt daran machen, ihn zu bestellen. Die Sehnsucht nach Intimität ist jetzt kein „Muß". Intimität zu erfahren ist jetzt nicht mehr Voraussetzung und Bedingung, um überhaupt leben zu können. Sie trägt zur Bereicherung, Verschönerung, Vertiefung des Lebens bei. Sie bringt eine Qualität, einen Erfahrungshorizont, eine Erlebnisweise mit sich, die zum Leben gehört, die „Leben in Fülle" verspüren, erfahren, erahnen, erkosten, erleben läßt.

Verheiratete und zölibatär Lebende haben, wenn sie ihren „Boden" gefunden haben, gleichermaßen die Chance, die Entscheidung zu treffen, zu welchem Mann und welcher Frau sie Verbindung, mit wem sie Kontakt aufnehmen wollen. Es gibt Unterschiede, wo es um den Grad, die Intensität der Beziehung geht. Diese werden von dem jeweiligen Lebensstil bestimmt, der eine Art Rahmen für die Beziehung mit anderen abgibt. Das gilt auch für die Intimität innerhalb dieser Beziehungen.

d. Beziehung zu Gott

Das deutlichste Kennzeichen von Intimität im Leben des Mannes und der Frau, die aus religiösen Motiven, zölibatär leben, ist die Intimität in ihrer Beziehung zu Gott. Gott ist ihnen am nächsten. Es ist das vornehmste Privileg des zölibatär lebenden Menschen, seiner intimen Beziehung mit Gott den wichtigsten Platz einräumen zu dürfen und zu können. Er und sie dürfen ganz klar und selbstverständlich zu dieser Beziehung als ihrer ersten Liebe stehen und dafür die Zeit, die Anstrengungen, das an Phantasie und Kreativität in diese Beziehung stecken, was erforderlich ist, um in Wahrheit von einer intimen Beziehung sprechen zu können. Er und sie dürfen dafür die Zeit verwenden, die der Verheiratete für seine große Liebe verwendet. Dafür bedarf es viel Zeit und immer wieder neu Zeit.
Dieses Privileg des zölibatär lebenden Menschen ist unantastbar. Es ist für ihn Schutz und Herausforderung. Es schützt ihn vor Versuchen von Außenstehenden, darunter auch Vorgesetzten, die oft in guter Absicht, den zölibatär Lebenden für zusätzliche Aufgaben gewinnen wollen. Geht das auf Kosten der intimen Beziehung zu Gott, nimmt das etwas von der Zeit und Kraft, die für diesen Lebensbereich notwendig ist, um ihn als eine intime Beziehung gestalten und leben zu können, dann können sie nicht nur, dann müs-

sen sie „Nein" sagen. Das gilt auch, wenn andere — und wer in der Seelsorge arbeitet, wird das ständig erfahren — von ihnen in einem Ausmaß Zeit und Energie abverlangen, die ihrer Beziehung zu Gott abträglich ist.

Wer als zölibatär Lebender seine Beziehung zu Gott ernst nimmt, sie wirklich lebt und aus ihr lebt — und dazu fordert ihn sein Privileg, die Beziehung zu Gott in besonderer Weise pflegen zu können, heraus —, wird es nicht an der Bestimmtheit mangeln lassen, *das* für diese Beziehung zu beanspruchen, was sie braucht. Wer von dieser Beziehung geprägt ist, wird auch dafür Sorge tragen, daß er sich nicht hinter dem Privileg versteckt, es gar mißbraucht für Interessen, die mit dem, für das dieses Privileg gilt, nichts zu tun haben. Deshalb kann es wichtig sein, daß ein Außenstehender, z. B. ein Freund, ein geistlicher Begleiter oder Praxisberater, immer wieder in diese Beziehung hineinschaut, um auf Fehlentwicklungen aufmerksam zu machen, bzw. zur Vertiefung dieser Beziehung beizutragen.

Ich bin überzeugt, daß der zölibatär lebende Seelsorger, der der Intimität mit Gott in seinem Leben den vordersten Platz eingeräumt hat, damit für sich zugleich ein Fundament besitzt, das ihm als Grundlage, Ausgangspunkt und Ausrichtung gilt. Dieses Fundament trägt. Von hier holt er seine Kraft. Hier erhält er die erste, die entscheidende Bestärkung und Bestätigung. Ich meine nicht jenen Seelsorger, der sich hinter diesem Fundament versteckt, der so tut, als besitze er die Wahrheit, der seine sehr menschlichen Eigenheiten und mitunter Absurditäten erhöht und unangreifbar macht, indem er sie auf seine spezielle Beziehung mit Gott zurückführt. Jener Seelsorger ist gerade das Gegenteil von dem, was ich meine. Ich spreche von dem Seelsorger, der so sehr aus seiner Beziehung mit Gott lebt, daß er das, was er sagt und tut, als einer sagt und tut, dessen Reden und Verhalten festgemacht ist an seiner Beziehung zu Gott. Sie ist so gewichtig und tragfähig, wirkt so sehr als eine echte Erfahrung in sein Leben hinein, daß sein Reden und

Tun von ihr her bestimmt, geprägt und motiviert ist — und eben nicht von dem, wie andere darauf reagieren. Das mitzuberücksichtigen, sich davon anfragen und hinterfragen zu lassen, ja sich dadurch korrigieren zu lassen — das ist wichtig und nicht wenigen fehlt die Bereitschaft dazu. Nur, der Maßstab für seinen Erfolg und sein Tun sind nicht die anderen und auch nicht der Erfolg. Was ich meine, ist vergleichbar mit dem, was in der psychologischen Sprache unter Selbstwertgefühl verstanden wird. Das Ausmaß und vor allem die Tiefe, mit der ich mich als wertvoll, als liebenswert erachte, wird sich dementsprechend niederschlagen. Erachte ich mich als wertvoll und liebenswert, wird es mir in der Regel nicht schwerfallen, auf andere zuzugehen, mich ihnen zuzumuten, sie auf mich wirken zu lassen. Erachte ich mich dagegen als wertlos und nicht liebenswert, werde ich mich zurückziehen, vor allem aber brauche ich andere, um mich als geachtet und geliebt zu erfahren. Stimmt meine Beziehung zu Gott, erlebe und erfahre ich sie als eine Bereicherung für mein Leben, geht von ihr Bestärkung und Wärme aus, ist sie durchdrungen von dem Gefühl des absoluten Angenommenseins, dann wird sich das entsprechend auf meine Beziehungen zu anderen auswirken. Sie bleiben für mich sehr wichtig, und ich brauche sie auch. Aber ich bin von ihnen, von dem, was sie denken und von mir erwarten, nicht abhängig. Vor allem aber gebrauche ich sie nicht, müssen sie nicht herhalten für etwas, das mir abgeht.

Die intime Beziehung zu Gott macht im Idealfall im Leben des zölibatär lebenden Menschen den innersten Kreis seines Beziehungsgeflechtes aus. Er ist der innerste und zugleich der dichteste Kreis. Er bildet sozusagen den Kern, um den herum sich die mitmenschlichen Kontakte gruppieren.

e. Beziehung zu anderen

Die intime Beziehung zu Gott, in die viel Kraft, viele Gefühle, viel Hingebung und Sichüberlassen fließt, ist zunächst eine innere Angelegenheit. Es gibt Männer und Frauen, die allein aus dieser tiefen und innigen Beziehung zu Gott in einer überzeugenden, lebensspendenden Weise zölibatär zu leben vermögen. Innig verbunden mit Gott haben sie dabei aber nicht den Blick verloren, vor allem aber nicht das Herz, für die Männer und Frauen mit und unter denen sie leben.

Um diese „innere Angelegenheit" zu fördern, durchzutragen und zu leben, bedarf es aber, so Jean Vanier, einer „Gemeinschaft mit Geborgenheit und Zärtlichkeit". So zentral für den zölibatär lebenden Menschen die intime Beziehung zu Gott ist, so sehr der Gestaltung und Pflege dieser Intimität fundamentale Bedeutung zukommt, sie kann nicht im luftleeren Raum geschehen, sondern braucht ihrerseits — zumindest in der Regel — das Eingebundensein in eine zwischenmenschliche Intimität. Sie bedarf eines Raumes, einer Atmosphäre, wo ich mich zu Hause fühle. Das ist der Ort, wo ich mit anderen mir nahestehenden Menschen in Beziehung trete, wo ich mich angenommen fühle und bestärkt werde. Was ich in der Beziehung zu Gott erlebe, wird hier bestätigt. Oft ist diese Erfahrung zwischenmenschlicher Intimität notwendig, um überhaupt fähig zu sein zu einer intimen Beziehung zu Gott, um überhaupt erst wirklich erfahren und spüren zu können, und dann auch in sich zuzulassen, was durch eine intime Beziehung entfacht und zustandegebracht wird.

Manche zölibatär lebende Männer und Frauen pflegen in dem hier verstandenen Sinne intime Beziehungen. Sie kennen Männer und Frauen, die ihnen am nächsten sind, in deren Gegenwart sie sein können wie sie sind, bei denen sie sich angenommen und bestärkt fühlen. Sie kennen Menschen, die ihnen vertraut und denen sie vertraut sind. Unter ihnen befinden sich Freunde, Verwandte, Mitbrüder und Mitschwestern.

Wieder andere zölibatär lebende Männer und Frauen erfahren ganzheitliche Intimität in einer religiös ausgerichteten Gemeinschaft, in der sie sich regelmäßig treffen. Das wachsende Interesse an solchen Gruppen, auch gerade unter Priestern, ist meiner Überzeugung nach auch ein Ausdruck jener Sehnsucht nach Intimität, einer Sehnsucht, die in den Bereichen, in denen man sie bisher erfahren hat, offensichtlich zunehmend weniger erfahrbar ist.

In Bruchstücken ist eine solche ganzheitliche Intimität z. B. auch im Rahmen eines Priestertreffens oder dem Dies möglich, wenn die Mitbrüder neben der Besprechung der wichtigen anfallenden formalen Dinge sich Zeit nehmen, offen miteinander über das zu sprechen, was sie bedrückt, froh macht, wenn sie sich gegenseitig Mut machen und sich auch über das Treffen hinaus in Liebe und Fürsorge begegnen.

Intimität wird hier erfahren als Innigkeit, Vertrautheit, Freundschaft und Herzlichkeit. Intimität in einer Freundschaft zölibatär lebender Menschen läßt, so Aelred von Rieval (1978, 15 u. 71) Liebe zu, die wohltut; sie zeigt sich als ganz innerlich empfundene Freude am anderen; hier kann ich getrost mein Herz und alles, was in ihm ist, dem anderen anvertrauen; es ist die Erfahrung von innerem Glück; er ist die Erfahrung von Geborgenheit, in der ich mein Inneres erschließen und die Erfahrung familiärer Herzlichkeit machen kann.

Die Erfahrung von Intimität in dem gemeinten Sinne kann eine wichtige Stabilisierung für ein gesundes zölibatäres Leben sein. Wer dagegen die emotionale Intimität aus seinem Leben verbannt, der ist wie einer, der sein Herz nicht mehr spürt, der von ihm nicht mehr angerührt wird, dessen Herz nicht mehr aufgeht, um andere zu berühren und sich dabei selbst berühren zu lassen.

2. Tiefe, bedeutungsvolle Freundschaften unter zölibatär lebenden Männern und Frauen

> „Unser Fundament ist die Liebe Gottes. An ihr ist alles, was Liebe und Zuneigung planen, was irgend jemand heimlich, was irgendein Freund laut rät, zu messen und zu bewerten."
>
> *Aelred von Rieval*

a. Tiefe Freundschaften

Je näher mir ein anderer ist, je intimer meine Beziehung zu ihm ist, desto lebendiger und dynamischer ist diese Beziehung. Das gilt auch für die Beziehungen des zölibatär lebenden Mannes und der zölibatär lebenden Frau. Daraus kann eine Bereicherung für das zölibatäre Leben erwachsen. Eine enge Beziehung kann aber auch – und das gilt es nicht zu übersehen, gerade auch, um die durch sie mögliche Bereicherung und Befruchtung nicht zu gefährden – zur Herausforderung für ein zölibatäres Leben werden, ja zur Einschränkung bis hin zur Pervertierung und Verletzung des gewählten bzw. vorgegebenen zölibatären Lebensstils führen.

Ich kann hier nicht all die Details und Prozesse aufzeigen, die für die Initiierung, Gestaltung und Aufrechterhaltung einer tiefen, innigen, zwischenmenschlichen Beziehung im Leben des zölibatär lebenden Menschen wichtig und zu beachten sind. Dafür sind die einzelnen Beziehungen zu unterschiedlich. So gibt es gleich- und andersgeschlechtliche Beziehungen zwischen zölibatär lebenden Menschen; es gibt Beziehungen zölibatär lebender Menschen mit verheirateten Männern und Frauen; es gibt tiefe Beziehungen von zölibatär lebenden Menschen mit einer ganzen Familie usw.

Nach Donald Goergen (1976, 215f) ist eine intime Beziehung zwischen zwei Leuten, von denen nur der eine zölibatär lebt, besonders schwierig. „Zwei zölibatär lebende Menschen sehen ihre Beziehung im Kontext einer gemeinsamen Verpflichtung. In der anderen Beziehung ist der eine freier, an Ehe als eine mögliche Zukunft zu denken, selbst wenn es nur im Unterbewußten geschieht. Eine solche Beziehung ist nicht fair gegenüber der nichtzölibatär lebenden Person, es sei denn, daß sie in irgendeiner Form sich auch für ein Leben alleine verpflichtet hat. Eine nichtzölibatär lebende Person wird stärker engagiert sein beim Aufbau einer Beziehung, die die Ehe als Möglichkeit einbezieht. Eine Beziehung zwischen einer zölibatär lebenden Person und einer nichtzölibatär lebenden Person sollte von Anfang an diesbezüglich ehrlich sein, wenn das Ziel der einen Zölibat, das der anderen die Ehe ist."

b. *Äußerer Rahmen als Ausdruck der inneren Haltung*

Zölibatär lebende Menschen, die versuchen, in besonders intensiver Weise Intimität in der Beziehung zu einem anderen Menschen zu leben, tun gut daran, ihre Beziehung in einen festen Rahmen einzubinden, der gewährleistet, daß über die persönliche Intimitätsbefähigung und die damit einhergehende Befähigung zur Distanz hinaus, diese intime Beziehung das zölibatäre Leben fördert und nicht gefährdet.

Die Ordensleute haben in der Regel einen festen Rahmen, der dafür bürgt, daß sie auch äußerlich einhalten, was sie von ihrer inneren Intention her wollen. Sie haben ihre festen Gebetszeiten, die verpflichtend sind, und die so sehr gewichtet werden, daß sie auch dann einen Schutz abgeben können, wenn tausenderlei andere Dinge und Erwartungen diese Zeit mit Gott schmälern, beeinträchtigen, gefährden. Sie kennen die Klausur, die nach außen repräsentiert, was sie innerlich wollen, und die die gewollten Ziele und Absichten, an die man sich „hängen" soll, die man pflegen und achten will, unterstreicht. Auch kann sie sich als Schutzmauer erweisen gegenüber Einbrüchen aber auch Verlockungen und Versuchungen, die das eigentlich Gewünschte und Angestrebte unterminieren.

Auch für Priester gibt es einen Rahmen, wenn auch hier die äußeren Stabilisatoren mitunter recht „wackelig" sind. Die festgelegten, von einer Ordnung vorgegebenen Gebetszeiten gibt es bei ihnen in der Regel nicht. Sie leben nicht in Klausur, ja man erwartet von ihnen, daß sie auf Menschen zugehen. Die „Institution" des Zölibats, die eine positive Stütze des gewählten Lebensstandes sein könnte, erweist sich vor allem dann als wenig tragfähig, wenn der Zölibat als ein „Muß" eher widerwillig akzeptiert wird und auch von der Umgebung nicht sonderlich geschätzt, gestützt und gestärkt wird. Der in einer Familie zumindest grundsätzlich vorgegebene Rahmen, der garantiert, daß Zeit und Energie, Liebe und Freizeit, in einem besonderen Maße in diesem engen Kreis verbracht und gelebt werden, fehlt. Das gleiche gilt für den Rahmen, den grundsätzlich Eheleute oder Partner für sich setzen und absprechen. Jedenfalls kann ein Priester nicht mit der Selbstverständlichkeit Anspruch erheben für Zeit mit den Menschen, die ihm am nächsten sind, wie das Eheleuten und Familien möglich ist. Fehlt ihm aber ein Rahmen, der auch starkem Widerstand und Erwartungen anderer gegenüber stabil ist, so läuft er Gefahr, die Beziehungen und Werte, die zu pflegen und zu hegen von allergrößter Bedeutung für sein spirituelles und emotionales Leben sind, zu vernachlässigen. Angesichts dieser Situation kommt dem „inneren Fundament" als Ausdruck und Maßstab für Haltung und Verhalten des Priesters eine besonders wichtige Bedeutung zu.

c. Das innere Fundament als Maßstab

Das erste Ziel des zölibatär lebenden Menschen ist es, sein zölibatäres Leben zu pflegen, zu fördern und zu stabilisieren. Darauf liegt das Gewicht seiner Anstrengungen. Es sollte nicht darum gehen, auszuloten, wie „weit" er „gehen" kann in seinen intimen Beziehungen zu anderen, sondern wieviel Platz, wieviel Bedeutung bedeutungsvolle intime Beziehungen in seinem Leben haben dürfen, ja müssen, um sein zölibatäres Leben zu einem Leben werden zu lassen, das lebensspendend und lebensbejahend ist; das kein Nein zur Liebe dokumentieren soll, sondern ein ausdrückliches Ja dazu; das ihn nicht weiter wegbringen soll von anderen Menschen, sondern ihn auf dem Boden, dem Fundament seines Selbst in tiefere Verbindung mit Gott und mit anderen Menschen in Kontakt und Berührung bringt.

Hier gilt, was Aelred von Rieval (1978, 55f) über die geistliche Freundschaft schreibt: „Vor allem muß das solide Fundament gelegt werden, in welchem die Grundsätze geistiger Liebe verankert werden. Wenn jemand dann den hochgebauten Turm besteigen will, kann er sich auf das starke Fundament verlassen und weiß, was es trägt. Unser Fundament ist die Liebe Gottes. An ihr ist alles, was Liebe und Zuneigung planen, was irgend jemand heimlich, was irgendein Freund laut rät, zu messen und zu bewerten. Sorgsam ist zu prüfen, ob das Gebäude dem Fundament entspricht. Was über das Fundament hinausgebaut wurde, muß zurückverlegt, was fehlerhaft gebaut, muß abgerissen und neuaufgebaut werden."

Auch die besonders intensive Form von Intimität, die von manchen zölibatär lebenden Männern und Frauen gepflegt wird, gilt es von diesem Fundament her zu bestimmen. Daraus ergeben sich ihre Möglichkeiten und Grenzen.

d. Vor den Augen Gottes und anderer bestehen können

Das Gebäude der ganzheitlichen Intimität muß sich immer wieder an diesem Fundament orientieren. Dieses Fundament muß vor den

Augen Gottes und vor den Augen anderer transparent sein und bestehen können. Es kann sich dabei nicht um etwas Selbstgebasteltes handeln, das vor anderen versteckt wird und von dem man in seinem eigenen stillen Kämmerchen erklärt, es sei mit Gottes Willen in Einklang zu bringen.

Das stellt auch eine Unterkommission der Katholischen Bischöfe der USA (1977, 66) heraus. Danach ist „der Test einer ehrlichen Freundschaft mit Frauen" die Ehrlichkeit des Priesters sich selbst gegenüber, was die Natur seiner Beziehung angeht, und die Ehrlichkeit gegenüber seinem Beichtvater oder einem anderen nahen Freund. Vor allem im Falle von Freundschaften mit Frauen ist es ein ausgezeichneter Rettungsring, wenigstens einen erfahrenen Freund und Berater zu haben, der genau informiert ist über die Beziehung. Es wird erwartet, daß der Priester beständig die Verpflichtung zum Zölibat erneuert und belebt als eine Dimension seiner priesterlichen Aufgabe, eine Dimension, die seine Teilhabe in seiner Arbeit für das ganze Volk Gottes vertieft."

Je intimer die zwischenmenschliche Intimität im Leben des zölibatären Menschen ist, desto notwendiger ist es, andere miteinzubeziehen, andere zu haben, die mitschauen und mithelfen, daß diese Beziehung wirklich dem gerecht wird, was einem zölibatären Lebensstil entspricht.
So gilt es zu beachten, daß die Beziehung z. B. nicht zu eng wird und dadurch die mit dem zölibatären Leben gewünschte größere Verfügbarkeit für andere beeinträchtigt oder sich eine Dynamik entwickelt, die diese Beziehung immer mehr in eine Richtung bringt, die aus ihr, ohne daß man das so nennt, eine Ehe macht bis dahin, daß in dieser Beziehung die genitale sexuelle Intimität zugelassen wird. Dann aber wäre ein Gebäude entstanden, das nicht mehr mit dem Fundament, auf dem es aufgerichtet wurde, in Einklang zu bringen ist und das infolgedessen auch nicht mehr von diesem Fundament getragen würde.

Die folgenden Abschnitte über „Emotionale und sexuelle Intimität" und „Intimität und Verfügbarkeit" wollen diese Aspekte tiefer zölibatärer Freundschaften näher beleuchten.

3. EMOTIONALE UND SEXUELLE INTIMITÄT IM LEBEN ZÖLIBATÄR LEBENDER MÄNNER UND FRAUEN

> „Ohne Gemeinschaften...ist es nicht möglich, die genitale Sexualität in die menschlichen Beziehungen zu integrieren."
> *Jean Vanier*

> „...Das menschliche emotionale Verlangen nach Liebe, Zugehörigkeit, Selbstwert und Autonomie ist allen Menschen in allen Lebensphasen gemeinsam. Wenn diese vier emotionalen Grundbedürfnisse des Menschen respektiert werden, dann trägt die sexuelle Intimität in einer Ehe menschlich gesehen zur Erfüllung bei. Ähnlich verhält es sich mit der zölibatären Intimität, die zur menschlichen Erfüllung des Priesters beiträgt, wenn die vier Grundbedürfnisse erfüllt werden."
> *Charles A. Gallagher*
> *und Thomas L. Vandenberg*

a. Emotionale und sexuelle Intimität

Das Zulassen und die Erfahrung von emotionaler Intimität führt — und das ist wichtig herauszustellen — nicht automatisch zu sexueller Intimität. Auf der anderen Seite gibt es eine große Nähe zwischen emotionaler und sexueller Intimität, auch weil die sexuelle Intimität starke emotionale Komponenten hat. Das aber heißt: So sehr es falsch ist, zu befürchten, aus emotionaler Intimität erwachse gleichsam automatisch eine sexuelle Intimität bzw. der Wunsch nach sexueller Vereinigung, so wichtig ist es auch, zur Kenntnis zu nehmen und sich klar vor Augen zu halten, daß unter bestimmten Umständen und vor allem bei Nichteinhaltung von klar abgesteckten Grenzen, eine emotionale Intimität zu einer sexuellen Intimität führen kann. Hier darf und soll man sich nichts vormachen.

Bei meinen Ausführungen zum Thema Intimität und Sexualität habe ich deutlich herausgestellt, daß das sexuelle Zusammensein zur Gipfelerfahrung von Intimität werden kann. Das aber heißt, daß zugelassene Intimität auch Kräfte entbindet, die auf diesen Gipfel hindrängen. Es ist mir fern, diese Wirklichkeit und Erfahrung zu verharmlosen. Die Kraft und Macht der sexuellen Leidenschaft, die sich auch als schier unkontrollierbares Verlangen — so scheint es jedenfalls — nach sexueller Vereinigung äußert, kann nur dann in das jeweilige Leben, den jeweiligen Lebensstil integriert werden, wenn ihre Macht nicht unterschätzt wird und wirklich mit ihr gerechnet wird. Auf der anderen Seite aber ist die sexuelle Leidenschaft nicht einfach ein Trieb, der wie ein nicht zu bändigendes Biest wütet und sich in Szene setzt, entläßt man es aus den Ketten, mit denen man glaubt, es lahmlegen zu können. Die sexuelle Leidenschaft ist nicht, so Richard J. Gilmartin (1976, 51f), unkontrollierbar. Wenn ich sie zulasse, heißt das nicht, daß sie mich überwältigt. „Besteht ein Problem der Kontrolle, dann ist das vielmehr ein Anzeichen für einen ganz anderen Konflikt, nicht aber für ein Problem, das mit der Sexualität an sich zu tun hat... Wenn ich bereit bin, meine Sexualität zu akzeptieren und mich mit ihr wohlfühlen will, dann muß ich auch zur Kenntnis nehmen, daß sie nicht unkontrollierbar ist."

Ähnliches kann auch über das Verlangen nach Berührung gesagt werden. Berührung ist eine wesentliche Form, um Intimität zum Ausdruck zu bringen und erfahrbar zu machen. Sie ist Ausdruck von Verbundenheit, Liebe und Zuneigung. Sie vermittelt Nähe, unterstreicht bzw. verwirklicht Gesagtes. Berührung hat auch einen Platz im Leben und in den Beziehungen zölibatär lebender Menschen. Auch hier gilt, daß der zölibatäre Lebensstil und der Rahmen, der Gewähr für diesen Lebensstil abgibt, Maßstab für das Ausmaß und die Intensität von Berührungen abgibt. D. h. es kann nicht nur darum gehen zu fragen, wie weit kann ich gehen, ist etwa ein Kuß noch möglich, gar ein gelegentliches Streicheln? Vielmehr geht es darum, auch hier zu fragen, was ist mit meinem „Rahmen" in Einklang zu bringen, was fördert meinen zölibatären Lebensstil? Berührung als Ausdruck von Nähe und Intimität, führt nicht automatisch in die Sexualität im Sinne von Genitalität. Auf der anderen Seite kann ein Überschreiten des „Rahmens" auch zur genitalen Sexualität bzw. zum Verlangen danach führen.

Donald Goergen (1979, 215) verweist auf die notwendigen Grenzen intimer zölibatärer Freundschaften: „Wenn ich ‚französisch küsse', dann werde ich genital sexuell so erregt werden, daß es schwer sein wird, nicht in eine genitale Richtung weiterzumachen. Wenn ich einen nahen Freund zur Diskussion in mein Schlafzimmer einlade, das Licht ausmache und eine Kerze entzünde, dann können die erotischen Gefühle leicht überhandnehmen. Ein Schlafzimmer ist nicht die Atmosphäre, um zölibatäre Intimität zwischen einem Mann und einer Frau zu entwickeln."

b. Sexualität als Ersatz für Intimität

Ich habe versucht, deutlich zu machen, wie wichtig die Grunderfahrung von Intimität, die Befähigung zur Nähe, das Zulassen des

Sich-Verliebens und das Waltenlassen des Eros in meinem Leben ist, um mein Leben zur Entfaltung zu bringen und mich beziehungsfähig zu machen. Wenn diese Erfahrungen und Prozesse ausbleiben, kann es passieren — und da auch bei zölibatär lebenden Menschen —, daß die Sexualität bzw. das Verlangen danach zur Ersatzbefriedigung für die eigentlich ersehnte Intimitätserfahrung wird. So mag sich mancher auf genitale sexuelle Beziehungen einlassen, da er nie Intimität erfahren hat.

Das mag auch zutreffen für zölibatär lebende Menschen, denen die Grunderfahrung von Intimität vorenthalten wurde, die sich an dem Prozeß der Intimitätsbefähigung „vorbeigemogelt" haben oder in ihrem Leben nicht Formen gefunden haben, die es ihnen ermöglichen, in einer Weise, die in Übereinstimmung mit ihrem zölibatären Lebensstil zu bringen ist, Intimität zu erfahren. Unter ihnen wird es auch solche geben, die glauben, in der sexuellen Beziehung die Erfüllung ihrer Sehnsucht nach Intimität zu finden — mit der Folge, daß sie oft bitter enttäuscht werden.

Auch mancher Ehemann glaubt, die in seiner Beziehung vermißte Intimität in der sexuellen Begegnung mit einer anderen Frau zu finden. Für einen anderen ist der Preis für die ganzheitliche Intimität zu hoch. Denn das hieße ja, sich verwundbar zu machen in seiner Beziehung, hieße, das aufzuarbeiten, was einer emotionalen ganzheitlichen Intimität im Wege steht. Es hieße weiter, sich auf einen mitunter langwierigen Prozeß einzulassen, der vom Äußeren zum Inneren führt.

Das aber heißt auch: Das Zulassen und die Erfahrung ganzheitlicher emotionaler Intimität erfüllt bereits Sehnsüchte, die mancher glaubt, nur über die sexuelle, genitale Intimität erleben zu können. Die hier erfahrene Nähe, Wärme, Herzlichkeit, Geborgenheit und Verbundenheit kann das Verlangen nach oberflächlichen sogenannten intimen sexuellen Beziehungen auf die ihnen tatsächlich zukommende Bedeutung reduzieren. Jedenfalls müssen sie nicht mehr herhalten für die eigentlich ersehnte ganzheitliche emotionale Intimität, wenn diese Intimität im eigenen Leben erfahrbar ist. Das möglicherweise geweckte Verlangen nach sexueller Intimität als Ausdruck ganzheitlicher Intimität, gilt es entsprechend dem vorgegebenen Rahmen zu integrieren. Hier wird sich zeigen, wie fest das Fundament ist, auf dem das zölibatäre Leben gründet. Das gilt gleichermaßen für den Verheirateten, bei dem im Falle des Verlangens nach einer anderen Frau, die Solidität des Fundamentes, auf dem seine Ehe gegründet ist, mitentscheidet, wie er sich in einer solchen Situation verhält.

c. Verzicht auf sexuelle genitale Intimität

Die sexuelle Intimität im Sinne einer genitalen Beziehung ist vom Ideal her gesehen und von dem, was von der Kirche gefordert und erwartet wird, für den zölibatär lebenden Menschen, der auch aus einer religiösen Motivation und kirchlichen Pflicht heraus zölibatär lebt, nicht möglich. Das ist ein großer Verzicht, den man nicht beschönigen sollte. Damit werden auch möglicherweise der emotionalen Intimität Grenzen gesetzt, indem ihre Entfaltung, ihre Vertiefung und zugleich auch Erhöhung in der sexuellen Begegnung nicht Ausdruck verliehen werden kann. Allein der Verzicht auf die sexuelle genitale Begegnung, kann nicht als etwas gesehen werden, das dem zölibatär lebenden Menschen eine *wesentliche* Seite und Erfahrung von Menschsein in einer Weise vorenthält, daß ihm gleichsam etwas Entscheidendes zum vollen Menschsein fehle, und dieser Verzicht infolgedessen sich in entsprechenden psychischen Schäden artikuliere.

Eine solche Einschätzung kann meines Erachtens dann zutreffend sein, wenn der ganze Bereich der Intimität ausgeschaltet wird, damit aber dem Lebensbaum die Säfte entzogen werden bis er verdorrt. Das trifft aber nicht zu, wenn jemand ganzheitliche Intimität zuläßt und sie in seiner Beziehung mit Gott und anderen pflegt und sich dabei auch all den Prozessen, einschließlich der Mühen und dem Verzicht stellt, die Kraft und den Einsatz investiert, den es verlangt, zölibatäre intime, freundschaftliche Beziehungen zu initiieren und zu erhalten.

In diesem Zusammenhang verdienen auch der Ansatz und die Erfahrungen des amerikanischen Psychoanalytikers Kurt Hoppe (1986) Erwähnung. Seine zehnjährige Erfahrung in der Psychotherapie von 22 Kleriker-Patienten hat ihn zur Erkenntnis gebracht, „daß ein Geistlicher, dem die Integration seines Priesteramtes mit seinem eigenen Selbst gelang, hundertfachen Segen all denen bringt, die mit ihren Nöten, ihren Zweifeln, ihrem Glauben zu ihm kommen" (11). In seiner Therapie zielt Kurt Hoppe darauf ab, den Klienten aus seiner privaten Paradieswelt über zwischenmenschliche Einfühlungskraft zu kosmischer Empathie zu führen. Kosmische Empathie ist für ihn dabei eine Einfühlungskraft, die die Empathie der Privatsphäre in den Kosmos erweitert und transzendiert. Sie sehnt sich nach Glauben und ruft nach Gott.

Im folgenden Fallbeispiel versucht er, den therapeutischen Prozeß von privater Paradieswelt zu kosmischer Empathie zu verdeutlichen: Kaplan Emanuel, hochgeschätzt in seiner Gemeinde, unterhält seit drei Jahren eine geheime Beziehung zu einer verheirateten Frau. Er selbst erlebt das als einen argen Widerspruch, fühlt sich aber von seinem eigenen Selbst besessen. Als Mann braucht er die ständige Bestätigung, als Priester aber fühlt er sich schuldig und leidet unter seinem „inneren Chaos". Die Verschmelzung von sexueller und narzißtischer Befriedigung erschweren den therapeutischen Erfolg. Das durch sexuelle Erfolge unterstützte Ich-Ideal des Liebhabers korrespondiert mit dem von der Gemeinde bewunderten Ideal des Priesters. Als Kaplan Emanuel nach einiger Zeit plötzlich eine unverheiratete Künstlerin zu seiner Geliebten macht, konfrontiert ihn der Therapeut mit dem grausamen Mangel an Empathie für seine frühere Freundin. Im Prozeß der Therapie — es ist das zweite Behandlungsjahr — ist Kaplan Emanuel nahe daran, das Priesteramt aufzugeben und seine Geliebte zu heiraten. Sein grandioser Narzißmus entwickelt sich schließlich zur zwischenmenschlichen Einfühlungskraft, bis er am Ende des dritten Behandlungsjahres bereit ist, die angebotene Stelle eines Pfarrers anzunehmen und auszuführen. „Seine Geliebte wurde seine Freundin, der er Rat und Trost spendet... Sein grandioser Narzißmus hat sich weitgehend in persönliche und kosmische Empathie verwandelt" (123).

d. Über mitmenschliche Einfühlungskraft zu kosmischer Empathie

Die Entwicklung vom grandiosen Selbst über mitmenschliche Einfühlungskraft zu kosmischer Empathie ist für Kurt Hoppe ein Beispiel dafür, daß Sexus radikal in Liebe, in kosmische Empathie verwandelt werden kann. Den Sinn der Zölibatsforderung sieht er dann auch psychologisch gesehen darin: Der Verzicht auf horizontalen Genuß steigert vertikale Sehnsucht.
Die intime Beziehung zu Gott, die Leib und Seele berührt und erfüllt, die tatsächlich auch als mystische Vereinigung mit Gott gelebt, erlebt und erfahren werden kann, eröffnet sich als der Raum, in dem die tiefste Sehnsucht nach Nähe und Intimität erfüllt werden kann. Diese Erfahrung spart den Mitmenschen nicht aus — sie setzt vielmehr die ganzheitlich intime Begegnung mit ihm voraus. Diese innigste Vereinigung mit Gott ist auch dem Verheirateten möglich, für den zölibatär lebenden Menschen hat sie aber im Gesamt seiner Möglichkeiten einen anderen Stellenwert. In diese Beziehung fließt auch Verlangen und Leidenschaft, die aufgrund des zölibatären Lebensstils in dieser Inbrunst und Letzthingabe in zwischenmenschlichen Beziehungen nicht gelebt und erfahren werden können.

Gerade auf diesem Hintergrund gilt es, Aussagen von Priestern oder Ordensleuten ernstzunehmen, die ihre Beziehung zu Gott als kalt, leblos erfahren. Das ist ein Alarmzeichen. Wenn in diese Beziehung zu Gott nicht wieder Wärme und Leben einzieht, fehlt auch der entscheidende Stabilisator für ein religiös motiviertes zölibatäres Leben, das jetzt anfällig werden kann für die verschiedensten Formen von Rettungsversuchen, die sich bei genauerem Hinsehen oft als wenig tauglich erweisen.

4. Intimität und Verfügbarkeit

> „Besitzergreifende Liebe erstickt und zerstört. Jesus sagt, es gibt keine größere Liebe, als sein Leben hinzugeben für die Freunde. Die Liebe vollendet sich im Opfer: Man gibt alles — man gibt sein Leben. Das Leiden am Zölibat ist also ein echtes Leiden, aber es kann in Hoffnung gelebt werden: in jener Hoffnung, die Angst und Isolierung überwindet. Dieses Leiden ist freilich nichts im Vergleich zum Leiden jener, die hoffen, in der Ausübung der Sexualität ohne Verantwortung und Bindung einen Vorgeschmack ewigen Lebens zu erlangen. Sie werden notwendig enttäuscht, denn sie erwachen in einer noch größeren Isolierung: das Glück ist flüchtig — und die Angst so nahe dabei."
>
> *Jean Vanier*

a. Intimität als Feind von Arbeitswut

Die Erhaltung echter, freundschaftlicher Beziehungen, die die Erfahrung einer ganzheitlichen Intimität ermöglichen, verlangt Zeit und Engagement. Die Pflege solcher intimer Beziehungen beeinträchtigt — so scheint es zumindest auf den ersten Blick — die Verfügbarkeit, die ja durch das zölibatäre Leben größer sein soll. Das soll, ja muß sogar so sein. Letztlich erweist sich diese Zeit und die Kraft, die der Pflege der Freundschaft gewidmet wird, als ein wichtiges Pendant, mitunter auch als ein lebensrettendes Bollwerk, gegen all die Anforderungen und Erwartungen, die von außen auf den einzelnen herangetragen werden.

Intimität erweist sich damit in der Tat als Feind einer Einstellung und Verhaltensweise, die das „Muß", die „Pflicht", den „Erfolg" usw. im ureigensten Interesse des einzelnen und vollberechtigt unterläuft, indem sie das „Darf", das „Zwecklose", das „Einfach-Sein und Lassen-Können" unterstützt. Sie erweist sich damit als Feind von Workoholismus. „Intimität", so Thomas A. Kane (1978, 9f), „löst bei den Personen Angst aus, die sich nicht angenommen haben und nicht angenommen fühlen. Sie versuchen, ihrer Umarmung zu entgehen, indem sie sich in den Workoholismus zurückziehen. Sie sind so sehr mit dem „Tun" beschäftigt, daß andere Menschen für sie zu Objekten werden. Sie arbeiten so hart im Namen des Guten Hirten für das Apostolat, daß, würde Er ihnen begegnen, sie zu beschäftigt wären bei ihrem „heiligen Tun", um ihn zu sehen oder zu erkennen. Workoholiker, seien sie im apostolischen Dienst oder anderswo, suchen nach Bestärkung, wo sie nicht gefunden werden kann, mit der Folge, daß ihr Verlangen nach Intimität vergeblich und hoffnungslos ist."

Auf der anderen Seite sollte die Pflege der intimen freundschaftlichen Beziehungen zeitlich und kräftemäßig nicht den Raum einnehmen, daß ihr eine Bedeutung und ein Gewicht zufallen, die die durch den zölibatären Lebensstil intendierte größere Verfügbarkeit zur Farce machen.

b. Einschränkung der Verfügbarkeit durch zu enge Verbindungen

Hier gilt es allerdings nicht außer acht zu lassen, daß es ganz unterschiedliche Formen von persönlichen und sachlichen Bindungen und Verknüpfungen geben kann, die erheblich zu einer Einschränkung der Verfügbarkeit beitragen können. So gibt es gerade bei zölibatär lebenden Menschen immer wieder auch sehr enge oder auch zu enge Bindungen zwischen Eltern und Geschwistern, mit denen sie unter Umständen unter einem Dach leben. Ich will hier nicht generell gegen gute und innige Bindungen zu den Eltern und Geschwistern eintreten, im Gegenteil. Nur, wenn sich diese Beziehungen als so eng und einschränkend erweisen, daß die durch das zölibatäre Leben geforderte Nachfolge stark beeinträchtigt wird, dann stimmt etwas nicht mehr. Auch mag manche (allzu) enge Bindung an die Eltern Ausdruck begrenzter Fähigkeit zur Entwicklung ganzheitlicher intimer Beziehung mit Gleichaltrigen sein. „Bei solchen Ordensleuten und Priestern", so Bernard J. Bush (1977, 62), „wird die Entwicklung von Freundschaften, die persönlich bereichernd sind, Fähigkeiten nötig machen, die sie nicht gelernt haben. Nähe und reife Intimität mit Gleichaltrigen, die man selbst gewählt hat, sind für viele angstbesetzt...". Je mehr der einzelne aber die Erfahrung macht, daß er mit Intimität „umgehen" kann, er sie mitgestalten kann, er über das Ausmaß der Intimität mitentscheidet, er Nähe und Distanz mitbestimmen kann, desto mehr wird er auch dazu in der Lage sein, seine Verfügbarkeit bewußter zuzulassen und anzubieten.

Die größere Verfügbarkeit, die das ehelose Leben ermöglichen soll, ist ein wichtiges Element im Gesamt der Bedeutungen, die dem zölibatären Leben zukommen. Sie gilt es zu gewährleisten. Ich glaube, daß die Gewähr dafür in der Regel eher gegeben ist, wenn der zölibatär Lebende Intimität in seinem Leben zuläßt und mit dieser Erfahrung gestärkt seinen Dienst für andere anbietet.

Hier wird auch noch einmal der Unterschied zum Verheirateten deutlich. Er ist durch die Ehe zunächst äußerlich in seiner Verfügbarkeit für andere eingeschränkt, da ein Großteil seiner Energie in seine eheliche Beziehung und Familie fließt bzw. fließen sollte. Das ist sein Privileg. Er ist aber auch mitunter innerlich weniger verfügbarer für andere, da seine Gefühle, sein inneres Ausgerichtetsein auf seine Frau und seine Familie ausgerichtet sind. Er ist weiter durch seine sexuelle Beziehung in einer ausschließlichen Tiefe und Intimität mit seiner Partnerin verbunden, die seiner Verfügbarkeit deutlicher als dem zölibatär Lebenden Grenzen setzt.

c. Die Exklusivität sexueller Intimität

Hier öffnet sich auch ein Blick für die Einsicht, daß der Verzicht auf die innigste körperliche Vereinigung, die Menschen möglich ist, dem Zölibatär vorenthalten ist. Denn, wo diese körperliche Intimität eingebunden ist in eine ganzheitliche Intimität, entwickelt sie eine Dynamik zwischen den Partnern, die Leib und Seele gleichermaßen ins Spiel bringt und zu einer Art des Aufeinander-Bezogen-Seins führt, die Exklusivität für sich beansprucht. Die sexuelle Dimension trägt, wenn sie nicht nur genital vollzogen wird, sondern in ihr eine Kulmination der ganzheitlichen Intimität erfahren und gefeiert wird, zu einer Vertiefung und Verbindlichkeit der Beziehung bei, die in sich nochmals eine eigene Wirkkraft hat.

Manche zölibatär lebende Menschen, darunter auch Priester, die sagen, zölibatär leben heißt lediglich, nichtverheiratet zu sein, und es für sich von daher als möglich ansehen, sexuelle Beziehungen zu unterhalten, unterschätzen meiner Meinung nach diese eigene Wirkkraft einer wirklich ganzheitlichen intimen sexuellen Begegnung. Unabhängig davon, daß ein solches Verhalten im Widerspruch zum Ideal des zölibatären Lebens steht, lassen sie sich auf etwas ein, für das sie dann in der Regel nicht den Rahmen und die Zeit anbieten können, in denen eine so ganzheitliche, auch sexuell vollzogene Intimität, gestaltet und wirklich ins Leben gebracht werden könnte.

Teresita Scully (in: Gallagher/Vandenberg, 1987, 103f) empfiehlt dem Priester, der in einer festen Freundschaft lebt, sich immer wieder zu fragen, welche Auswirkungen hat meine Freundschaft auf meine Beziehung zur Gemeinde? Sollte er feststellen, daß dadurch seine Liebe zu seiner Gemeinde nicht zunimmt oder er gar sein Interesse für sie verliert, er den Mitgliedern der Gemeinde nicht mehr zuzuhören vermag, dann kann es sein, daß etwas Ungesundes sich eingeschlichen hat. Weiter sollte er sich die Frage stellen, wie sich seine Freundschaft auf seine Aktivitäten auswirkt. „Wenn ein Priester nach Möglichkeiten Ausschau hält, sich seiner Pflichten zu entledigen, um mehr Zeit mit dem Menschen, mit dem er befreundet ist, zu verbringen, dann ist das ein Alarmzeichen. In einer zölibatären Freundschaft sollten nicht Handlungen geschehen, die nur für Verheiratete angemessen sind... Wenn diese Handlungen heimlich ausgeführt werden, dann steht das im völligen Widerspruch zu dem, was es heißt, Zeugnis abzulegen. Das aber macht einen wichtigen Teil jeder gesunden Beziehung aus. Freundschaft, ein Aspekt christlichen Lebens, sollte nicht verheimlicht werden." Schließlich sollte sich der zölibatäre Priester fragen, ob es in seiner Freundschaft Eifersucht gibt. „Wenn er eifersüchtig wird oder es ablehnt, wenn andere seinem Freund/seiner Freundin nahekommen, dann ist das ein Zeichen, daß er diese Person als jemanden betrachtet, den er besitzt, aber nicht liebt."

d. Ganzheitliche Intimität in der Beziehung zur Gemeinde

Der zölibatär lebende Mensch, der in seiner nächsten Umgebung ganzheitliche Intimität erfährt und zuläßt, wird auch eher in der Lage sein, in seiner Beziehung zu den Menschen, für die er da ist oder da sein will, ganzheitliche Intimität zuzulassen. Die Nähe und Geborgenheit, die der zölibatär lebende Mensch in seinem Leben erfährt, soll jetzt nicht verzweckt werden, als stehe ihm das nur zu, damit er sich mehr auf andere einlassen kann. Ein solches Denken würde die erfahrene echte Intimität im Leben zölibatär lebender Menschen nicht ernst nehmen und letztlich verletzen. Diese Intimität hat ihr Recht und ihren Wert in sich.

Aus dieser Intimität erwächst aber (mit) die Offenheit und Bereitschaft, in der Begegnung mit den Menschen, für die der Priester da ist, ganzheitliche Intimität zuzulassen. Diese Erfahrung in der nächsten Umgebung trägt zum Aufbau und Wachstum guter Kontakte zu den Gemeindemitgliedern bei. Sie ist — bei allem Eigenwert, der ihr für die konkreten Beziehungen zukommt — wie ein Facilitater, d. h. einer, der es leichter macht, noch mehr das, was Offenheit, Sorge und Liebe für die Gemeindemitglieder von ihm her und von der Gemeinde für ihn da ist, zuzulassen. Die Erfahrung ganzheitlicher Intimität im persönlichen Leben fördert damit die Verfügbarkeit für andere. Der Priester ist dann nicht nur äußerlich verfügbar, sondern auch innerlich. Er stellt seine Sorge und Liebe zur Verfügung. Er läßt in der Beziehung mit den Menschen, für die er da ist, auch das zu, was er in seinen freundschaftlichen Beziehungen erfährt und erfahren darf. Er läßt darüber hinaus aber in seinem Dasein für die anderen, das an Leidenschaft und Selbsthingabe zu, was er in seinen Freundschaften nicht leben kann, sondern in der Regel seiner Beziehung zu Gott vorbehalten ist. Ganzheitliche Intimität erhält hier radikale Züge, d. h. bewirkt etwas ganz Entscheidendes, Grund-sätzliches. Sie öffnet die Menschen, schließt sie auf, macht es ihnen leichter, ihre Sorge und Liebe füreinander zuzulassen.

„Intimität...", sagt Kardinal Joseph Bernardin aus Chicago, „schließt...die Bereitschaft ein, sich anderen gegenüber zu eröffnen, verwundbar zu machen, indem man ehrlich über sich selbst ist...und...andere in das eigene Leben miteinbezieht..." (in: Gallagher/Vandenberg 1987, 99).

Die Erfahrung ganzheitlicher Intimität mit Männern und Frauen, die z. B. dem zölibatär lebenden Priester ganz nahe sind, ist miteinbezogen in die ganzheitliche Intimität, die der Priester in der Beziehung zu den Männern und Frauen seiner Gemeinde erfährt und zuläßt. So sehr seine eigene Privatheit und seine eigenen ganz nahen Beziehungen ihren eigenen Platz in seinem Leben haben, — sie sind nicht irgendetwas ganz anderes, das losgelöst von diesem Dasein für die Gemeinde und der Hinwendung an sie gehegt und gepflegt werden kann. Sie müssen damit in Einklang zu bringen sein. Wenn die Freundschaft mit einem anderen Menschen die Entfaltung und Verwirklichung ganzheitlicher Intimität mit den Männern und Frauen der Gemeinde beeinträchtigt oder gar verunmöglicht, dann stimmt etwas nicht, dann hängt es irgendwo. Eine solche Situation wird oft nicht leicht zu lösen sein. Sie gilt es anzuschauen und in der ihr angemessenen Weise etwa im Gespräch mit anderen nahestehenden Menschen, dem geistlichen Begleiter oder Praxisberater anzugehen.

Jeder hat das Recht auf Privatheit, auf einen geschützten Raum. Auch gibt es Phasen und Situationen im Leben, die es notwendig machen, gegenüber anderen mehr als sonst üblich Distanz zu halten. Das aber ist etwas anderes, als bei sich zuzumachen, sich gegenüber anderen nach außen abzuschotten. Wenn es eine entscheidende Aufgabe z. B. des zölibatär lebenden Priesters ist, Menschen füreinander und für Gott zu öffnen, dann kann er sich selbst nicht heraushalten. Dann müssen auch er und sein Leben transparent sein. Das aber heißt auch, daß seine Freundschaft, so sehr sie Teil seines eigenen persönlichen Lebens ist, nicht versteckt werden darf, nach außen hin anders dargestellt oder gelebt wird, als es der Wirklichkeit entspricht. Braucht der Priester diese Transparenz seines privaten Lebens gegenüber den Menschen, für die er da ist, nicht zu scheuen, weil er nichts zu verbergen hat, dann wird sich das positiv auf seine Freundschaft und die Beziehung zu seiner Gemeinde auswirken. Kann er sich, aus welchen Gründen auch immer, diese

Transparenz nicht erlauben, dürfte sich das negativ auf seine Freundschaft, vor allem aber auf sein Leben und Wirken in seiner Gemeinde auswirken. Sie dürfte auch seine Fähigkeit, ganzheitliche Intimität in seiner Gemeinde zu fördern, ungünstig beeinflussen.

e. Erfahrung ganzheitlicher Intimität in der Eucharistie

Die Bedeutung, die Intimität für Verheiratete hat, diese Bedeutung hat Gemeinschaft für die Gläubigen. „Die Art und Weise, in der Verheiratete miteinander leben, hat Auswirkungen auf die sexuelle Feier ihrer Intimität. Die Art und Weise, in der die Gläubigen miteinander leben, übt einen entscheidenden Einfluß auf die eucharistische Feier ihrer Gemeinschaft aus. Es ist diese Gemeinschaft, die der Priester von heute seiner Gemeinde anbieten soll. Das ist seine erste Aufgabe. Als Leiter der Eucharistiefeier lädt er seine Gemeinde ein, sich miteinander und mit dem Vater durch Jesus zu vereinigen." Soweit Charles A. Gallagher und Thomas L. Vandenberg (1987, 114).

Der Theologieprofessor Peter Chirico (in: Gallagher / Vandenberg, 1987, 19) geht soweit zu sagen, daß die Eucharistiefeier in der Kirche die Bedeutung hat, die die sexuelle Begegnung in der Ehe hat: „Liturgie ist die Feier dessen, was letztendlich den Sinn des ganzen Lebens der Kirche beinhaltet. Diesen allerletzten Sinn will sie so deutlich wie möglich zum Ausdruck bringen. Sie bedeutet für das Leben der Kirche, was die sexuelle Begegnung der Ehe bedeutet. Es ist nicht eine Handlung, die über, oberhalb und entfernt vom Leben steht; vielmehr nimmt sie ihren Anfang vom Leben, faßt sie das Leben zusammen, ist sie ein Manifest dafür, was Leben bedeutet, führt sie Leben weiter." Charles Gallagher und Thomas Vandenberg (1987, 20f) folgern daraus, daß die Feier der Eucharistie nicht eine Funktion darstellt, die der

Priester für seine Gemeinde vollzieht, sondern die Feier einer Glaubensgemeinschaft, an der er mit seiner Gemeinde teilnimmt. Das aber heißt für sie auch, daß die eigentliche Frage nicht die ist, ob ein Priester verheiratet ist oder zölibatär lebt, sondern, ob er in einer bedeutungsvollen Beziehung mit seiner Gemeinde lebt. Nur insofern der Zölibat eine solche tiefe und bedeutungsvolle Beziehung fördert, hat er einen wirklichen Wert. „Anders gesagt, meint das, daß man nicht sagen kann, ein Priester erfüllt das Versprechen des Zölibats, wenn es sich darauf beschränkt, daß er weder verheiratet ist noch die Forderung nach einem keuschen Leben verletzt. Zölibat kann nicht unter dem Gesichtspunkt verstanden werden, was es nicht ist, sondern von daher, was es ist. Zölibat ist ein Charisma des Heiligen Geistes, das von der Kirche angeboten wird, um eine echte Liebesbeziehung zwischen einem Priester und seiner Gemeinde leichter zu ermöglichen. Das wiederum gibt den Ton an für die Liebesbeziehung, die unter den Menschen einer Gemeinde bestehen sollte."

Die Feier der Eucharistie wird damit zum Ort, an dem horizontal und vertikal ganzheitliche Intimität erlebt und erfahren werden kann. Hier können die Mitte, die Tiefe, das wirklich Innere des Menschen heraustreten, um sich mit der Mitte, der Tiefe, dem wirklich Inneren des anderen zu vereinigen und um einzutauchen in die unendliche Verbindung mit Gott.
Aufgabe des Priesters ist es, diese Vereinigung miteinander und mit Gott leichter zu machen, zu fördern und zu vertiefen. Dies wird ihm dann am ehesten gelingen, wenn auch er in eine innige Beziehung zu den Männern und Frauen seiner Gemeinde tritt und sich in seliger Gelassenheit der unendlichen Intimität Gottes überläßt.

5. „Du darfst nicht einfach aus der Mitte einen Stein herausbrechen"

> „Wie für den Herrn seine menschliche Natur ‚Instrument' des Heiles war, so soll auch die Menschlichkeit des Priesters zum Heilszeichen für andere werden. Nicht also ein geschlechtsloses, leibfeindliches und damit letztlich beziehungsloses, verstümmeltes Leben ist der Sinn der Ehelosigkeit, sondern die Integration aller geistigen, seelischen und leiblichen Kräfte in das eine Ganze des Lebens, das ein Gleichbild Jesu Christi werden soll."
>
> *Franziskus Eisenbach*

Lieber Bernd,

Mitternacht ist vorbei, ich sitze noch am Schreibtisch, mag noch nicht ins Bett... unser Gespräch heute abend, die Begegnung mit Dir beschäftigt mich wohl doch mehr, als ich selbst gedacht habe...
Ja, Du hast recht mit dem, was Du vorhin gesagt hast — wenn wir uns treffen, werden die Begegnungen von Mal zu Mal intensiver und dichter, die Gespräche noch persönlicher.
Daß Du heute von Deinen Verletzungen erzählt hast, die noch aus der Kindheit herrühren, hat mich sehr berührt und nachdenklich gemacht. Ja, jetzt kann ich Dich noch ein bißchen besser verstehen, warum Du die Mauer um Dich herum aufgebaut hast — und Dich auch mir gegenüber immer wieder neu absichern mußt. Und doch — es macht mich gleichzeitig traurig...
Welch großen Einfluß hat doch das Verhalten Erwachsener und insbesondere der Eltern auf die Seele eines kleinen Kindes — ob es wohl daran liegen mag, daß in solch einer jungen Seele noch ganz wenig Ein-

drücke eingeprägt sind? Eine solche Seele ganz besonders verletzlich ist, weich, formbar?

Die Ereignisse, die Du erzählt hast, waren in den Augen der Erwachsenen sicher keine welterschütternden Dinge — ob sie sie heute überhaupt noch wüßten?

Für Dich aber ist eine Welt zusammengebrochen — Du hast geliebt und bist verlassen worden, Du hast vertraut, grenzenlos Dich jemanden anvertraut — und man hat Dich enttäuscht. Und da hast Du wohl begonnen, die ersten Mauersteine um Deine Seele herum aufzubauen... und da gab es niemanden, der das gesehen und gemerkt hat, Du hast es ja selbst nicht mitbekommen — erst jetzt in letzter Zeit, wo Du Dir selbst ein wenig nachspürst, ist Dir alles wieder eingefallen...

Liebe hat etwas mit Angst und Furcht zu tun, hast Du vorhin gesagt — ich habe Angst, verletzt zu werden, enttäuscht zu werden, verlassen zu werden. Dann lieber gar nichts riskieren, gar nichts probieren, gar nichts wagen — ist mir dazu eingefallen, und das hat mich traurig gemacht... aber auch wütend, Du hast es mitbekommen. Wütend macht mich hier meine eigene Hilflosigkeit, meine Ohnmacht — daß ich sehe, wie Du Dich selbst (und ich mich sicher in anderen Punkten) arm machst, den Lebensfluß in Dir abschneidest — oder vielleicht besser ausgedrückt, denn den Lebensfluß kann man ja nicht abschneiden, die Energie ist ja da: Wie die Mauer um Deine Seele, um Dich zu einer großen Staumauer wird, die den Strom des Lebens am Fließen hindert. Nur — den Zufluß kannst Du ja nicht sperren, das Wasser staut sich immer mehr an — und deshalb mußt Du Deine Staumauer immer höher und höher bauen, immer noch eine Steinschicht mehr draufsetzen, damit es nicht überläuft... und um so größer muß die Angst werden, was eigentlich passiert, wenn die Staumauer eines Tages mal bricht, und alles hinwegschwemmt...

Ein Gedanke ist mir auf der Heimfahrt noch gekommen — ob möglicherweise diese frühen Erfahrungen dazu beigetragen haben, daß Du Dich entschieden hast, Priester zu werden??? Der Zölibat als Schutz davor, sich nicht der Liebe und damit möglichen Enttäuschungenausset-

*zen zu müssen??? Um mich nicht noch mehr zu verletzen, suche ich mir eine Norm, ein Gesetz, das mir dabei hilft, mich vor etwas zu schützen, das mir Angst macht...weil ich den Menschen vielleicht nicht mehr so arg vertrauen mag, mir selbst nicht mehr vertraue...
Aber — wie gesagt, das war nur so ein Gedanke...vielleicht schießt jetzt auch grad meine Phantasie mit mir ins Feld...
Jedenfalls — jetzt habe ich ein bißchen besser verstanden, warum es für Dich so schwierig ist, in unserer Beziehung Körperkontakt zuzulassen, eine Umarmung zur Begrüßung oder zum Abschied nach einem intensiven Gespräch. Versteh mich richtig, ich habe nicht die geringste Absicht, Dich zu „verführen" oder was auch immer für Phantasien da hochkommen mögen. Was ich möchte ist eigentlich, unsere Beziehung ein wenig zu „normalisieren"...Gesten der Zärtlichkeit möchte ich dann bei uns beiden einen Raum geben können, wenn es „stimmig" ist, wenn sie tatsächlich das ausdrücken, was gerade zwischen uns beiden ist...
Und da stoße ich an Deine Mauer...möglicherweise ist es eine Angst davor, daß eine solche Umarmung, ein solch zärtliches Berühren, einen Mauerstein aus Deinem Staudamm herauslösen könnte — und daß Du Dir nicht sicher bist, ob nicht dann die „große Flut" über Dich hereinbricht...mit all dem, was an Risiko damit für Dich verbunden ist...wenn der Staudamm bricht, dürftest Du existentiell in Frage gestellt sein...
Das habe ich heute abend kapiert — und ich glaube, es ist wichtig, das zu wissen...übrigens, das fällt mir jetzt gerade ein, erlebe ich das nicht nur bei Priestern, sondern auch bei manchen Ehemännern, die „so etwas" auch nicht zulassen können, weil sie Angst haben, es würde den Staudamm ihrer Treue zu ihrer Ehefrau brechen...aber das wäre sicher noch einmal einen eigenen Gedanken wert...
Jedenfalls — ich kann heute abend die nicht-geschenkte Umarmung annehmen und akzeptieren...
Trotzdem — ich weiß nicht, ob es auf Dauer für Dich der „richtige" Weg ist. Gut, ich kann und will Dir nicht sagen, wie Dein Weg, Deine*

Art zu leben auszusehen hat — die Entscheidung mußt Du für Dich treffen...
Laß mich aber doch einige Gedanken dazu noch sagen — gegebenenfalls kannst Du sie ja immer noch in den Papierkorb werfen... Du lebst derzeit, so mein Eindruck, immer mit der Angst, Dein mühsam errichteter Staudamm könnte brechen — und es muß wohl schon ein ziemlich wackliger Staudamm sein, wenn eine Umarmung, eine zarte körperliche Geste da Auslöser dafür sein könnte. Die nächsten vierzig Jahre wirst Du wohl mit dieser Angst und dem wackligen Staudamm leben müssen — es sei denn, Du häufst noch mehr Steine um Dich herum auf, läßt noch weniger Menschen an Dich heran. Die Einsamkeit eines Pfarrhauses, ein gut gefüllter Terminkalender, das Gefühl, ich werde von allen gebraucht und das sofort, scheinen mir solch typische Mauersteine zu sein... Ein solches Leben aber scheint mir total unchristlich zu sein, entschuldige, wenn ich das so direkt sage... „Leben in Fülle" (und das heißt eigentlich auch voll dessen, was Menschen möglich ist), eingetauscht gegen ein Leben mit Angst, mit Steinen, mit Distanz zu den Menschen, mit „Sich-nicht-berühren-lassen-Dürfen". Die Geschichten, die von Jesus erzählt werden, sprechen eigentlich eine andere Sprache...aber wem sag ich das, predigen tust Du ja oft genug darüber... Deshalb denke ich, das kann der Weg eigentlich nicht sein... Laß mich nochmal zu meinem Bild mit dem Staudamm zurückkommen: Ich denke, und da geb ich Dir in Deiner Vorsicht recht, Du darfst nicht einfach aus der Mitte einen Stein herausbrechen. Die Gewalt des Wassers würde das gesamte Übrige wohl wirklich unkontrolliert mitreißen — und Du stündest vor einer Schlammwüste — und ich möchte Dich auch bitten, mir zu vertrauen, daß ich diese Steine akzeptiere. Aber — warum nicht oben anfangen? Warum nicht den obersten Stein einfach wegnehmen? Und noch einen und noch einen? Solange, bis der Wasserspiegel erreicht ist — und das Wasser sich langsam einen Weg suchen kann ohne Schaden anzurichten...das Aufgestaute wird mit der Zeit niedriger werden — in dem Maße niedriger, wie Du Deine Staumauer Stein um Stein abbaust, der Druck wird

nachlassen — und vielleicht kannst Du sogar die überraschende Erfahrung machen, daß dürres Land vor dem Stausee plötzlich einen grünen Schimmer bekommt, daß da Neues anfängt zu wachsen und zu blühen und vielleicht irgendwann einmal Frucht zu tragen...
Ein Gedanke fällt mir noch zu dem Bild ein, der mich ein wenig schmunzeln läßt: Solche Stauseen sind ja beliebte Plätze für Freizeitsport — Surfer, Segler, Schwimmer, Tretbootfahrer, Angler...ein sinkender Wasserspiegel in dem Stausee mag das eine oder andere unmöglich machen — und mag vielleicht auch Ärger von denjenigen mit sich bringen...oder andersherum gefragt: Wer hat Dich bisher benutzt, um auf Dir Tretboot zu fahren oder sonst irgendwie seinen Interessen zu frönen??? Aber — jetzt wird's doch glatt schon politisch, und eigentlich ist mir das zu schade, um es zu solch später Stunde noch zu erörtern...
Ich glaub, ich laß es jetzt einfach mal dabei...ich denke, Du spürst, daß viele dieser Gedanken in diesem Brief eigentlich eher Fragen sind, vielleicht auch meine Fragen sind... Aber vielleicht ist auch der eine oder andere Denkanstoß für Dich dabei — dann verstehe ihn als mein Dankeschön dafür, daß Du Dich mit allen Grenzen, die ich gut verstehen kann, in unsere Beziehung hineingetraut hast, Dich anfragen läßt, nicht den Rückzug angetreten hast...ich halte das nicht für selbstverständlich. Sollten irgendwelche Gedanken Dich verletzt haben, dann bitte ich einfach um Entschuldigung — eben weil Du mir als Mensch wichtig bist, habe ich heute abend noch ein wenig rumgedacht...verletzen möchte ich Dich nicht mit diesen Gedanken...
Eines ist mir noch wichtig...der Abend heute mit Dir hat viel Nähe in sich gehabt... Beziehung aber ist immer ein Prozeß. Wenn wir uns das nächstemal sehen, werden wir neu die Nähe oder Distanz zwischen uns beiden finden müssen. Und wir werden neu die Ausdrucksformen dafür suchen müssen... Beziehung schreibt sich nicht automatisch fort. Und solch wichtige Gesten dürfen, denke ich, nicht zum Ritual werden — damit würden wir schuldig an dem, was diese Gesten eigentlich ausdrücken möchten.

Was ich damit sagen möchte: Heute abend nach dem Gespräch wäre eine Umarmung für mich stimmig gewesen (und jetzt sag bloß nicht, daß Du grad nur aus dem Auto rausgesprungen bist, weil die Ampel rot war) — eine Umarmung zur Begrüßung beim nächsten Mal wäre für mich eine Lüge. Und es wäre für mich auch eine Lüge, wenn Du nicht hinter einer solchen Geste (oder irgendeiner anderen) stehen könntest, sondern sie mir zuliebe „tätest" — oder um Dich einem scheinbaren Druck meiner Erwartungen zu beugen...dann hättest Du mich falsch verstanden...Aber irgendwie — ich hab das Gefühl, daß bei Dir gut ankommt, was ich eigentlich sagen möchte...und wenn nicht, dann wehr Dich. Ich mag auf Deinem Stausee nicht Tretboot fahren...

Danke nochmal für das Buch, das Du mir heute abend mitgegeben hast — ich habe mich arg drüber gefreut, und ich habe es als eine Umarmung auf Deine Art empfunden...

Dir noch einen schönen Tag — möge unser Gott, der ein Gott des Lebens ist, Dich begleiten,
herzlichst
Andrea Schwarz

EPILOG

Wünsche und Träume

> „...Und nach dem Feuer kam ein stilles
> sanftes Sausen... Und siehe, da kam eine
> Stimme zu ihm und sprach..."
> *1 Kön 12,13*

Ich wünsche mir,
die Aufmerksamkeit und Sensibilität,
Gottes Stimme,
wo sie sich im stillen, sanften Sausen bemerkbar macht,
wahrzunehmen.

Ich befürchte,
daß ich sie oft überhöre,
einfach über sie hinweggehe,
sie durch meine Geschäftigkeit,
mein Besetztsein von diesem und jenem,
auch manchmal überwalze.

Um ein stilles, sanftes Sausen hören zu können,
bedarf es der Zurückhaltung.
Ich muß mich zurückhalten
mit meinen Gedanken, Ideen,
Wünschen und Unternehmungen,
um das stille, sanfte Sausen
zu hören.

Gott macht sich mir gegenüber nicht bemerkbar,
mit Donner- und Paukenschlag.
Er will ja auch nicht

meine laute, hektische Außenseite ansprechen,
nicht mit ihr Kontakt aufnehmen.

Gott will mit meiner weichen Innenseite
in Beziehung kommen,
wo ich ungeschützt,
verletzbar,
veränderbar
bin.

Diese Seite in mir
versteht
die Sprache
des stillen, sanften Sausens.
Es ist die Sprache,
die ihr entspricht.
Für diese Sprache
ist sie empfänglich.

Nur ein stilles sanftes Sausen
hat überhaupt eine Chance
meine rauhe äußere Seite
zu durchdringen.
Alles Harte,
Laute,
würde hier abprallen.

In die Beziehung zu Gott
kann ich mich nur überlassen,
wenn ich ungeschützt bin.
Ich kann in die Beziehung mit Gott nur eintauchen,
wenn ich mich ihm schutzlos hingebe.

Zur Berührung zwischen uns
kann es nur dann kommen,

wenn ich bereit und offen bin
für Intimität —
auch in meiner Beziehung zu Gott.

Es sind nur meine weichen Seiten und Teile,
die sich für die Berührung
und Verbindung
mit Gott
eignen.

Die harten Seiten und Kanten
sind undurchlässig,
unsensibel.
Sie prallen an Gott ab,
nehmen seine Berührung nicht wahr.

Ich beginne
mein Verhalten gegenüber der Natur
zu ändern,
seitdem mir bewußt geworden ist,
daß ich die Natur verletze,
einbreche in ihre Intimität,
ich mich ihr gegenüber brutal verhalte,
wenn ich z. B. mit 160 Sachen über die Autobahn fege.

Ich mußte erst in mir
diese intime Beziehung zur Natur entwickeln
— und ich bin noch dabei —,
ich mußte mich erst in sie hineinversetzen,
um wirklich wacher dafür zu werden,
was ich ihr antue,
wenn ich in meinem Verhalten ihr gegenüber
die einfachsten Regeln
des Respektes,

die ich sonst anderen gegenüber einhalte,
ihr gegenüber übergehe.

Wenn ich ohne pardon
mit lautem Getöse
ihre Intimität zerstöre,
ihr stilles sanftes Sausen
nicht höre,
ihre weichen und zarten Seiten
nicht sehe.

Ich träume von einer Kirche,
der es vor allem darum geht,
das stille sanfte Sausen,
mit dem Gott seine Anwesenheit mitteilt,
wahrzunehmen.

Ich träume von einer Kirche,
die sich zurückhält,
wo das erforderlich ist,
um das stille sanfte Sausen
nicht zu überhören.

Ich träume von einer Kirche,
die beseelt ist davon,
die Wahrheit
zu erkennen,
ohne dabei vor lauter Eifer
das stille sanfte Sausen
zu überhören.

Ich träume von einer Kirche,
die daran glaubt,
daß Gott im stillen sanften Sausen
anwesend ist

und aus diesem Glauben heraus,
auf Verhaltensweisen verzichtet,
die einem solchen Glauben widersprechen.

Ich träume von einer Kirche,
die zurückfindet
zu einer Sensibilität,
die fähig ist,
das stille sanfte Sausen,
in dem Gott sich ankündigt,
zu spüren.

Ich träume von einer Kirche,
in der man sich so begegnen kann,
daß das jeweils Innere
sich begegnet.

Dann
wird das stille sanfte Sausen,
das Gottes Anwesenheit ankündigt,
auch in der Begegnung
unter uns
empfänglich.
Dann entdecken wir
im jeweils anderen
Gottes Anwesenheit
und lassen
unser gegenseitiges Verhalten
geprägt und umfaßt sein
von *dieser* Entdeckung und Erfahrung.

Literatur

Aelred von Rieval, De spirituali amicitia — Über die geistliche Freundschaft, Trier 1978
Bush, B. J., The Family Tie That Binds, in: Loneliness, Whitinsville 1977
Egan, G. u. Cowans, A., Moving into Adulthood, Monterey 1980
Erikson, E., Identität und Lebenszyklus, Frankfurt 1973
    ders., Jugend und Krise, Frankfurt 1981
Ferrucci, P., Werde was du bist. Selbstverwirklichung durch Psychosynthesis, Basel ^{2}1985
Fromm, E., Die Kunst des Liebens, Frankfurt 1978
Gallagher, Ch. A. u. Vandenberg, Th. L., The Celibacy Myth. Loving for Life, New York 1987
Gilmartin, R., Coping with Humanity, in: Coping, Whitinsville 1976
Goergen, D., The Sexual Celibate, Garden City 1979
Görres, A., Kirchliche Beratung — eine dringende Antwort auf Symptome und Ursachen seelischer Krisen? in: Sekretariat der Deutschen Bischofskonferenz, Kirchliche Beratungsdienste, Bonn 1987
Grabmann, M., Wesen und Grundlagen der katholischen Mystik, München 1923
Hartmann, N., Ethik, Bern 1926
Hoppe, K., Gewissen, Gott und Leidenschaft, Stuttgart 1986
Kane, Th., Foreword, in: Intimacy, Whitinsville 1978
Kirschenbaum, H., On Becoming Carl Rogers, New York 1979
Köberle, A., u. Bumiller, M., Gott alles in allem. Ausblick und Versöhnung von Eros und Agape, Freiburg 1986
Kommission der Katholischen Bischöfe der USA über Leben und Dienst des Priesters, As One Who Serves. Reflections on

the Pastoral Ministry of Priests in the United States, Washington 1977
Lampert, E., The Divine Realm, London 1943
May, R., Love and Will, New York 1969
    ders., The Courage to Create, New York 1980
    ders., Freedom and Destiny, New York 1981
McAllister, R. J., Living the Vows. The Emotional Conflicts of Celibate Religious, San Francisco 1986
Montagu, A., Touching. The Human Significance of Touching, New York 1971
Nouwen, H., Intimacy. Pastoral Psychological Essays, Notre Dame 1969
Oden, Th., Wer sagt: Du bist okay? Eine theologische Anfrage an die Transaktionale Analyse, Gelnhausen 1977
Oraison, M., Jesus Christus — der Tote, der lebt, Mainz 1978
Plé, A., Celibacy and the Emotional Life, in: Clergy Review 55 (1970)
Rogers, C., Der neue Mensch, Stuttgart ^{3}1987
Saier, O., Fastenhirtenbrief 1987, in: Amtsblatt der Erzdiözese Freiburg 5 (1987)
    ders., Fastenhirtenbrief 1988, in: Amtsblatt der Erzdiözese Freiburg 5 (1988)
Schütz, Ch. (Hg.), Praktisches Lexikon der Spiritualität, Freiburg 1988
Spies, E., Die Philosophie des Gemütes, St. Ottilien 1929
Stenger, H., Verwirklichung unter den Augen Gottes, Salzburg 1985
    ders., Eignung für die Berufe der Kirche. Klärung, Beratung, Begleitung, Freiburg 1988
Stern, A., Me: The Narcissistic American, New York 1979
Szczesny, G., Die Zukunft des Unglaubens. Mit einem erweiterten Briefwechsel Friedrich Heer — Gerhard Szczesny, München 1965

Tyrell, Th., Intimacy, Sexuality and Infatuation, in: Intimacy, Whitinsville 1978
Vanier, J., Heilende Gemeinschaft, Salzburg o.J.
Wyss, D., Lieben als Lernprozeß, Göttingen 1975

Sich selbst und den anderen annehmen

Wunibald Müller
Menschliche Nähe in der Seelsorge
Sich selbst annehmen –
den anderen annehmen
112 Seiten. Kartoniert

Seelsorger sind Menschen, deren Wirken und Wirkung stark von ihrer Persönlichkeit abhängt. Aber oft fühlen sich Männer und Frauen, von denen jederzeit Verständnis, Wärme und Mitgefühl erwartet wird, innerlich leer und ausgebrannt. Aus seelsorglicher und psychologischer Sicht geht der Autor auf die besondere Situation der Seelsorger ein und bietet ihnen wertvolle Hilfen und Anregungen zur Identitätsfindung und Selbstannahme. Die spezielle Situation zölibatär lebender Priester und Ordensleute wird dabei eingehend berücksichtigt.

Roland Breitenbach
Mit dir will ich leben
Auf dem Weg zur Ehe
108 Seiten. Kartoniert

Der Autor möchte jungen Leuten Mut zu Partnerschaft und Ehe machen und gibt gleichzeitig Anregungen für die pastorale Praxis, offen, mutig und mit Phantasie zum Gelingen solcher Partnerschaften beizutragen.

Roland Breitenbach (Hg.)
Leben um zu lieben
Worte zur Trauung
112 Seiten. Kartoniert

Wunibald Müller
Homosexualität – Eine Herausforderung für Theologie und Seelsorge
Mit einem Vorwort von
Heinrich Pompey
240 Seiten. Kartoniert

Wichtig ist, daß Müller auch die positiven Aspekte der Gleichgeschlechtlichkeit herausarbeitet und damit Ansätze für eine Pastoral bietet, die nicht nur verurteilt, auch nicht nur mahnt, sondern zunächst das Positive fördert. Insgesamt ist das Werk mit seinen reichen naturwissenschaftlichen Informationen, einer gediegenen Aufarbeitung der lehramtlichen Tradition und seinen helfenden Anregungen für die Pastoral von unschätzbarem Wert für die richtige pastorale Begegnung mit der betroffenen Menschengruppe.
Die Zeit im Buch

MATTHIAS-GRÜNEWALD-VERLAG · MAINZ